Iqbalen historia

Francesco D'Adamo

Argitaletxeko koordinatzailea: Aurelio Erdozain

Egilea: Francesco D'Adamo

Itzulpena: Lurdes Auzmendi

Jatorrizko izenburua:
Storia di Iqbal by Francesco D'Adamo

Azala: Luis Alonso

Bildumaren diseinua eta maketazioa: Luis Alonso

ALAI ARGITALETXEA, SL
alaiargitaltxea@gmail.com
www.alai.eus
ISBN: 978-84-946491-2-7
Lege-gordailua: SS. 27-2017
Grafilur
EBn inprimatua - Printed in EU.

ganbara

Iqbalen historia

Francesco D'Adamo

Itzulpena: Lurdes Auzmendi

ALAI

Hitzaurrea

Ez dakit Iqbalek nolako aurpegia zeukan. Prentsan aurkitu ditudan bere argazki bakarrak ilunak eta desenfokatuak ziren. Artikulu batean hau esaten zen: *Ez zen oso garaia*. Beraz irudikatzen saiatu naiz. Agian, benetan zen baino ederragoa, ausartagoa eta kementsuagoa deskribatu dut, baina hori da heroiei tokatzen zaien patua.

Fatimaren pertsonaia, aldiz, nik asmatua da. Baina seguru nago Iqbalek, bere zorte bereko inguruko umeen artean, izan zuela ondoan Fatima bezalako neskato bat, eta baita Salman, Maria edo Ali txikia bezalako beste lagun batzuk ere. Ezagutu nahi badituzue, begiratu zuen ingurura: hemen ere badaude, Italian, geure artean. Saia zaitezte beraiekin noizbait hitz egiten.

Pakistan herrialdea bera ere asmatu behar izan dut: ez naiz sekula izan bertan.

Baina berezitasun horietaz salbu, irakurtzera zoazten historia osorik da egia. Eleberri honetan kontatzen diren gertakizunak denak egiaz gertatuak dira. Baita desatseginenak ere.

Bakarren batek esan dit historia tristea dela.

Hori ez da egia, askatasuna lortzeko moduari buruzko historia da.

Eta historia horrek jarraitzen du, egunero jarraitu ere.

Baita zuek lerro hauek irakurtzen dituzuen bitartean ere.

Francesco D'Adamo

I

Pakistaniarrak: ugazabaren etxean daude - italian - Fatima - Hasan - ahmed

Bai, nik ezagutu nuen Iqbal.

Sarritan pentsatzen dut beratաz, batez ere gauez, hotzagatik edo nekatuegia nagoelako lokartu ezin naizenean. Teilatupeko logelan, ugazaba italiarrek lo eginarazten diguten tokian, badago leiho bitxi bat, gorantz, zerurantz begiratzen duena. Ez dakit zuek nola deitzen duzuen, nire herrialdean ez da horrelako leihorik. Baina hemen, Italian, dena oso desberdina da Pakistanekin alderatuz. Oraindik ez naiz ohitu.

Niri gustatzen zait leiho hori; izan ere, batzuetan, zerua garbi dagoenean, kristalaren beste aldean izarrak eta baita ilargia ere ikusten direlako. Izarrak dira, Lahore hiritik gertu bizi nintzen tokitik etorrita, hemen aurkitu dudan gauza berdin bakarra. Jakina, gureak distiragarriagoak dira, baina nik uste dut izarrak mundu osoan berdinak direla eta beti kontsolamendua dakartela atzerrian bizi zarenean, bakarrik sentitu edo malenkoniatsu sentitzen zarenean.

Nire nebetako bi dauzkat hemen nirekin: Hasan, ni baino apur bat gazteagoa, eta Ahmed, zaharrena. Hasanek nirekin batera egiten du lan, ni hartu ninduen familia berarentzat, eta hori zorte handia da. Ugazaba onak dira. Ez gaituzte oso gaizki tratatzen eta, noski, ez gaituzte egurtzen, Lahoreko ugazabek egurtzen ninduten bezala. Lana ere ez da hangoa bezain gogorra: garbitu, azokara joan eta umeak zaintzen ditut.

Hori da gehien gustatzen zaidana. Ugazaba-andreak bi ume dauzka, neskato bat eta mutiko bat. Ederrak dira, garbiak. Asko maite naute eta beti esaten didate: «Fatima! Fatima! Jolastu gurekin!». Orduan, panpina guztiak, trapuzko andrakilak eta beste jostailu bitxi eta berezi batzuk hartu eta jolas egiten dugu. Badira hitz egiten dutenak, beste batzuk beren kabuz mugitzen dira, eta beste batzuk koloretako argi mordoa daukate, piztu eta itzaltzen direnak. Nik ez dakit erabiltzen, sekula ikusi gabe nengoen horrelakorik, eta batzuetan ia izutu egiten naute. Hasieran uste nuen magia zela, beldurra ematen zidaten.

Umeek noizean behin pazientzia galdu eta esaten didate: «Ufa, Fatima, geldoa zara gero!». Baina nik azkar ikasten dut eta egun osoa pasatuko nuke umeekin jolasean, gauza berriak deskubritzen, oraindik neu ere umea izango banintz bezala. Tamalez beti ugazaba-andrea etorri eta esaten dit: «Fatima, zertan ari zara hemen, ez al zenuke sukaldean egon beharko?».

Nik korrika alde egiten dut, aurpegia lotsaren lotsaz ezkutatuta, izan ere hamasei urte baitauzkat, agian hamazazpi, ez nago seguru, baina edozelan emakume heldua naiz eta aspaldi ezkondua egon behar nuen eta neure umeak eduki behar nituen.

Pakistanen ugazabek ez ziguten jolasean uzten, ez zegoen horretarako astirik. Denbora guztia ehungailuan pasatu beharrean geunden, egunsentian hasi eta ilundu arte, egunero. Baina kometez gogoratzen naiz eta Iqbalek eta biok kometa airera igoarazi genuen hartaz, nolako zorion eta zirraraz ikusi genuen haizetan gora igotzen, gero eta gorago. Hori, Iqbal Amerika izeneko leku batera bidaia luze hartara joan baino lehenago izan zen.

—Itzultzean —esan zidan—, egunero igoaraziko dugu kometa.

Baina hori ez zen gertatu.

Gustatuko litzaidake ugazaba-andrearen umeei kometa erakustea: ongi pasatuko lukete. Baina ez dakit lortuko nukeen hegan eginaraztea, hiri honetan ez baitago ez espazio, ez haize ezta zeru urdinik ere. Beldur naiz antenetan kateatu eta bertan geratuko litzatekeela hil arte.

Aldiz, ez dakit zer egiten duen Ahmed neba zaharrenak. Noizean behin ikusten dugu, ugazabek egun erdiko askatasuna ematen digutenean. Enparantza batean elkartzen gara orain hemen bizi garen pakistandar guztiok. Egia esan, ez da enparantza polita, hiru banku eta zuhaitz lehor pare bat besterik ez dauzka eta sarritan euria egiten du. Baina ezin gara beste inora joan.

Hor elkartzen gara elkarrekin hitz egin eta barre pixka bat egiteko, gizonak alde batean eta emakumeak bestean. Horrelakoetan emakumeok *purdah*-a janzten dugu, ilea eta aurpegi zati bat estaltzen digun zapia, gure artean erabiltzen dugun bezala, errespetuagatik.

Ahmed atzera begiraka bezala ailegatzen da, eskuak astintzen ditu, esaten digu adi egon behar dugula, etxera, gure herrira laster itzuliko garela, behar adina diru daukagun bezain pronto. Baina berak sekula ez dauka dirurik, aldiz, geuk eman behar izaten diogu askotan. Behin baino gehiagotan sentitu diot hatsean garagardo usaina, eta alkohola edatea bekatua da. Baina nik ez dut epaitu nahi, nire neba zaharrena da eta hemen –pentsatzen dut–, ez da zoriontsua, besteok ez garen bezalaxe. Ez dakit ezta nire herrira itzuli nahi ote dudan ere: han gaizki nengoen, hemen ez nago ongi.

Egia da inork ez didala tratu txarrik ematen; hemen inork ez nau behartzen lana egitera leher eginda lurrera erortzeraino; eskuak ez dauzkat babaz eta zornatzeraino inork sendatzen ez dizkizun ebakiz beteta; hemen ez naiz esklaboa. Hemen ugazabek jaten eta lo egiteko tokia ematen didate, baita dirua ere. Ez dut kexatu behar eta eskerrak ematen dizkiet.

Hemen librea naiz. Baina Ahmedek dio, aurkitzen bagaituzte lehenik burdin hesiz inguratutako gune batean sartuko gaituztela, gero kanpora bidaltzeko. Nik ez dakit. Agian azokara erosketa egitera joaten naizenean sentitzen dudanagatik da. *Purdah*-a jantzi eta poltsa handi bat hartzen dut. Burua makurtua dudala ibiltzen naiz. Gure azoketan baino askoz gauza gehiago dago, baina ez da hangoak bezain koloretsua edo alaia. Hasieran ez nekien hainbat eta hainbat produktu zer ziren, eta ez nituen ezagutzen ezta haien izenak ere. Hatzarekin keinu egiten nuen: hiru nahi ditut, lau nahi ditut. Sarritan nahastu egiten nintzen eta ugazaba-andrea haserretu egiten zen. Orain errazagoa da.

Baina kontua da inork ez nauela ikusten. Ez dakit nola azaldu. Hitz egiten, garrasi egiten, elkar agurtzen ari den jende guzti haren erditik igarotzen naiz, eta ni ikusezina banintz bezala pasatzen naiz. Inork ez dit hitza zuzentzen. Jendetzaren erdian bultza egiten didate eta inork ez dit barkamenik eskatzen. Pentsatu izan dut *jin* horietako bat bihurtu ez ote naizen, alegia ikusten ez den baina etxean ontziak hausten eta gauzak lekuz aldatzen aritzen den galtzagorri horietako bat. Ibiltzen naiz, baina ez naiz existitzen. Frutaz eta barazkiz beteriko postuen aurrean begira geratzen naiz, baina ez naiz existitzen. Erosketa egin eta dendariak gauzak ematen dizkit, nire dirua hartu eta bueltak ematen dizkit, baita nik segituan kontatu ere, engainatu ez nazan, eta dendariak niregan barrena atzean zain daukadan pertsonari begiratzen dio eta berarekin hitz egiten du, barre egiten du, txantxak egiten ditu. Ni ez naiz existitzen.

Horregatik, gauean, nire gelan goibel sentitzen naiz. Eta une horietan, Iqbalez oroitzen naizenean, nire senarra balitz bezala gogoratzen dut.

Badakit pentsamendu ergela dela. Neska tuntunen gauzak dira, belarrira horrela, barre egiteko xuxurlatzen direnak. Eta gainera ez dago ongi horrelako gauzetan pentsatzea. Nire herrialdean neska batek ezin du senarra aukeratu. Familiak negoziatzen du tratua eta finkatzen dotea. Beti izan da horrela. Horrela zen amonaren garaian eta baita amaren garaian ere, eta segur aski zuzena da.

Hemen desberdina da, noski. Baina ni dagoeneko zaharregia naiz senarra bilatzeko. Inork ez ninduke nahiko.

Halere, gau batzuetan, zerua hotza eta beltza dagoenean, eta kaleko zaratarik entzuten ez denean, begiak iluntasunean zabal-zabalik, negar egin nahiko nuke, baina ezin dut; orduan, amets egiten dut Iqbal nire gurasoen etxerako bideskan gora doala, bere lagun eta familiakoez inguratua, baita Eshan Khan bere bigarren aita izan zenarekin ere, eta denak festa-arropekin jantzita daudela.

Amets egiten dut nik emakumeen gelan itxaroten dudala, eta ez diodala inori ikusarazi behar bihotza estutzen didan emozioa. Gorriz jantzita nago, emazteek jantzita egon behar duten bezala, eta ahizpek *hena* ilunez eskuak eta oinak apaindu dizkidate, loreak marraztuz. Amets egiten dut Iqbal lorez eta intsentsuz perfumatutako nire etxean sartzen dela eta nire guraso, anai-arreba eta familiakoen aurrean emaztetzat hartzen nauela eta biok elkarrekin joaten garela, libre.

Badakit hori amets bat besterik ez dela. Ilusio bat, alegia. Badakit Iqbal ezin dela nire bila itzuli herrialde ulertezin eta arraro honetara. Ez dakit ezta emaztetzat nahiko ote ninduken ere. Azken batean umeak baino ez ginen, duela bost urte.

Baina hori izan da niretzat Iqbal: askatasuna. Agian nire bizitzako askatasun bakarra. Orain utz iezadazue hori amesten. Inori ez dio kalterik egiten eta.

Berarentzat ni ez nintzen ikusezina. Existitzen nintzen.

Horregatik, hau da Iqbalen historia, neuk ezagutu nuen bezala eta gogoratzen dudan bezala.

II

Hussain Khan ugazabaren etxea Lahoreko kanpo aldean zegoen, hauts artean eta Iparraldetik jaitsitako artaldeak larrean ibiltzen ziren landa kiskalien erdian. Etxe handia zen, erdia harrizkoa eta beste erdia txapazkoa, erdian lur hutsezko patio zikin batekin, eta bertan putzua, haren *Toyota* kamioneta zaharra, artilezko eta kotoizko balak gordetzeko erabiltzen zen kanaberazko estalpea, eta haren atzean belar eta sasi artean erdi ezkutatuta, burdina herdoilduzko atea, eskailera aldapatsu baten bidez beheko Hilobira ematen zuena.

Alfonbra lantegia txapazko estalpe baten pean zegoen eta udan bero eta neguan hotz egiten zuen. Lana egunsentia baino ordu erdi lehenago hasten zen: ugazabaren emaztea bata eta babutxak jantzita jaisten zen, amaitzear zegoen gauaren argitasun zalantzakorrean patioa zeharkatu eta *chapati* ogi biribila eta *dahi* edo dilista zopa pixka bat ekartzen zizkigun. Irrikaz jaten genuen, lurrezko zoru gainean jarrita egoten zen guztiontzako katilu handian ogia bustiaz, eta bitartean etengabe hitz egiten genuen geure artean eta gauean izandako ametsak kontatzen genizkion elkarri.

Ametsak, amonak eta gero amak esaten zidaten bezala, zeruko parte ezezagun batean egoten dira, hain urruti non guk ezin dugun ezta irudikatu ere, eta mundura jaisten dira gizon-emakumeek deitzen dietenean eta nahigabea edo kontsolamendua ekar ditzakete, zoriona edo desesperoa eta, batzuetan, gerta daiteke guztiz geldoak izatea edo ezertxo ere ez ekartzea. Horrek ez du esan nahi gizon gaizto batek amets gaiztoak erakartzen dituenik, eta gizon tentelak amets tentelak, izan ere nor gara gu zeruko gauzak zerk gobernatzen dituen ulertu nahi izateko?

Baina badago gauza bat benetan itsusia, esaten zuen amonak, eta ametsik ez egitea da, izan ere hori urrutian dagoen, baina halere gutaz gogoratzen den norbaiten onginahia ez jasotzea bezala baita. Nik hilabeteak neramatzan ametsik egin gabe, eta gutariko askok ez zuten sekula ametsik egiten, baina hori aitortzeko beldur ginen: goizetan oso bakarrik sentitzen ginen. Horregatik, asmatu egiten genituen eta beti amets ederrak izaten ziren, argiz eta kolorez eta etxeko oroitzapenez beteak, bai behintzat holako oroitzapenak gelditzen zitzaizkienen kasuan. Lehian ibiltzen ginen, ea nork asmatzen zuen ametsik fantasiatsuena, ziztu bizian hitz eginez, aho beteta, ugazaba-andreak esaten zigun arte: «Nahikoa da! Isilik», eta orduan banaka zutikako komunera joan gintezkeen, gelatzarreko atzeko partean oihal zikin baten ostean zegoenera. Lehendabizi, ehungailuari txorkatilatik katez lotuta lo egindakoak joaten ziren, «azaburuak» deitzen zien horiei ugazabak, lana gaizki eta gutxi egiteagatik, bilbeko kolorezko hariak nahasten zituztelako, alfonbraren diseinuan hutsen bat egiten zutelako (hori izaten zen gauzarik larriena), edo hatzetako babengatik negar egiten zutelako.

«Azaburuak» ergelak ziren: denok dakigu kasu horietan nahikoa dela korapiloak karraskatzeko labana hartu eta baba zulatzea. Ura ateratzen da, eta hasieran min pixka bat ematen du, baina denborarekin azala berritu eta gogortu egiten da eta gehiago ez duzu ezer sentitzen. Itxaroten jakin behar da. Katez lotu gabeoi «azaburuek» batetik pena ematen ziguten eta bestetik adarra jotzen genien: normalean berriak izaten ziren, denbora gutxi lehenago ailegatuak, eta artean ez zuten ulertzen aske itzultzeko geneukan modu bakarra lan asko egitea zela, ahalik eta azkarren egitea, klarionaz gure arbelean egindako marrak ezabatzea, aldiko bat, bat bera ere geratzen ez zen arte, eta orduan itzuliko ginen etxera. Nik ere baneukan neure arbela ehungailu gainean zintzilik.

Ailegatu nintzen egunean –hainbat urte lehenago– Hussain Khan ugazabak arbel garbi bat hartu, gainean zeinu batzuk egin eta esan zidan:

—Hau da zure izena.

—Bai, jauna.

—Hau zure arbela da. Inork ezin du ukitu, nik bakarrik. Ulertu duzu?

—Bai, jauna.

Ondoren marra mordo bat marraztu zuen, bata bestearen ondoan, txakur izutuaren bizkar gaineko ileak bezain tenteak, eta lau marrako multzo bakoitza beste marra batek zeharkatzen zuen, eta nik ez nuen ulertzen.

—Ba al dakizu zenbatzen? —galdetu zidan ugazabak.

—Ia hamarrera arte —erantzun nion.

—Begira —esan zidan Hussain Khanek—, hau da zure zorra. Marra bakoitza rupia bat da. Nik rupia bat emango dizut lan egun bakoitzeko. Zuzena da. Inork ez lizuke gehiago ordainduko, hori guztiek esan ahalko dizute. Galdetu nahi duzunari, denek esango dizute Hussain Khan ugazaba ona eta zuzena dela. Merezi duzuna izango duzu. Eta egunero, iluntzean, nik marra horietako bat ezabatuko dut zure begien aurrean, eta zu harro egon ahalko zara, eta zure gurasoak ere harro egon ahalko dira, zure lanaren fruitua izango delako. Ulertu al duzu?

—Bai jauna —erantzun nion berriro ere, baina ez zen egia, ez nuen ulertu eta basoko zuhaitzak bezain tente zeuden marra misteriotsu haiei so nengoen, eta ezin nituen bereizi nire izena eta zorra, gauza bera bailiran.

—Marra guztiak ezabatzen ditudanean —gehitu zuen Hussain Khanek—, arbel hau erabat garbi ikusten duzunean, orduan libre geratu eta etxera itzuli ahalko zara.

Sekula ez nuen garbi ikusi nire arbela, ezta nire lagunena ere.

«Azaburuak» oihal atzeko komunetik itzuli eta berriro beraien lanpostuetara katez lotuta zeudenean, «libreok» joan ahal izaten ginen gure beharrak egitera eta aurpegira ur apur bat botatzera. Han, atzean, bazegoen leihatilatxo bat, goian, eta bertatik pixka bat ikusten ziren almendrondo baten adar loratuak. Egunero geratzen nintzen behar baino minutu bat gehiago, eta jauzi desesperatu izugarriak emanaz egurrezko marko gastatura igotzen saiatzen nintzen, kanpora begiratu ahal izateko. Hamar urte neuzkan garai hartan, txikitxoa nintzen –oraindik halakoxea naiz–, eta ez nuen lortzen hatz puntekin leiho ertza ukitzea ere. Baina pasatzen zen egun bakoitzaren ondoren apur bat gorago ailegatzen nintzela iruditzen zitzaidan, agian milimetro bat, eta seguru nengoen egunen batean goraino ailegatu eta leiho txiki haren zulotik kanpora atera ere egin ahalko nintzela azkenean, almendrondoaren azala ukitzeraino.

Ez dakit zergatik ematen nion hainbesteko garrantzia gauza hain alfer eta tentelari, baina, garai hartan, iruditzen zitzaidan askatasunerako edo antzeko zerbaiterako pauso moduko bat zela. Noski, ez zen egia. Bakarrik, ondoko etxeko lorategian aurkitu eta Hussain Khanen andrea etorriko zitzaidan, zigorra eskuan eta garrasika: «Ume zarpailtsu hori! Sugegorri txiki esker txarrekoa!». Hiru egunerako edo agian denbora gehiagorako Hilobian sartuko ninduten, hori gertatuko zen. Baina halere goizero saiatzen nintzen.

Hiru urte neramatzan Hussain Khanentzat lanean eta sekula ez nuen Hilobian amaitu. Hasieran, beste umeetakoren batek, inbidiaz, Hussain Khanen kutunena nintzela esaten zuen, eta horregatik ez ninduela zigortzen. Ez zen egia. Sekula ez ninduten zigortu arin eta ongi lan egiten nuelako, ematen zidatena kexatu gabe jan eta ugazabaren aurrean isilik egoten nintzelako, ez beste batzuk bezala, erantzun egiten baitzioten. Batzuetan, bai, ugazaba inguratu eta laztandu egiten ninduen, guztien aurrean, eta «Fatima txikia, nire Fatima txikia» deitzen zidan, eta ni barrutik dardarka jartzen nintzen, eta ez nuen ongi ulertzen, eta beldurra neukan, eta desagertu, ezkutatu egin nahiko nukeen. Hussain Khan potoloa zen, bizarra beltza eta begi txikiak zeuzkan, eta eskuak palmondo olioz igurtziak bezala edukitzen zituen eta ukitzen zintuen tokian koipe arrastoa uzten zizun.

Gau batzuetan, artean amets egiten nuenean, Hussain Khan irudikatzen nuen ilunpetan ehungailu aldameneko nire kamainaraino etortzen. Haren arnasa pisua eta kasakaren ke usaina sentitzen nituen, zoruko lur hautsak karraska egiten zuen haren pausoen pean. Nigana etorri eta laztandu egiten ninduen, «Fatima txikia» xuxurlatuz. Hurrengo goizean, gelatzarraren ondoko oihal atzean gorputz guztia miatzen nuen koipe arrastorik neukan ikusteko. Ez zen egoten. Amets gaizto bat izaten zen, izututa daudenean umeek edukitzen duten horietakoa.

Lanari eguna argitzen hastearekin batera ekiten genion. Ugazaba-andreak hiru aldiz txalo jotzen zuenean gutariko bakoitza bere ehungailuaren aurrean eseri eta une baten ondoren denok batera eta aldi berean hasten ginen makinari eragiten, guztiei beso pare bakarrak eragin izan balie bezala. Laneko denboran debekatua zegoen geratzea, hitz egitea eta distraitzea. Arreta guztia koloretako hariak zeuzkaten milaka bobinatan jarri beharra zegoen, eta aginduta geneukan alfonbrako marrazkia egiteko egokia zena aukeratu behar genuen haien artean, egiten ari ginen diseinua konparatuz ugazabak paper puska batean eman eta gure aldamenean jarrita zegoenarekin.

Orduak igaro ahala, giroa berotasun eta hautsez eta artile-hariz betetzen joaten zen, eta ehungailuen zarata hain zen indartsua eta erritmikoa non esnatu berria zen eta mugimenduan hasita zegoen hiriko zaratak estaltzen zituen: auto zaharren eta salgaiz beteriko furgoneten motorrak, goizean goizetik altxatuta zeuden astoen arrantza, gizonen oihuak, te saltzaileen hotsak, aldameneko azokako zalaparta. Eguna aurrerago eta zarata handiagoa izaten zen, eta bitartean Lahore kaleetan barreiatzen zen eta niri besoak eta sorbaldak mintzen zitzaizkidan, eta orduan burua patio gaineko aterantz eta eguzkiak jotzen zuen alderantz jiratzen nuen apurtxo bat eta ez nuen jakiten zenbat denbora faltatzen zen eguneko atsedenaldi bakarrerako eta nire eskuek eta hankek beren kasa egiten zuten lan, ohitura hutsez. Hariei heltzen zieten, korapiloak estutzen zituzten, pedalei eragiten, behin eta berriz, milaka aldiz, eta bien bitartean beste baba bat atera zitzaidan, mina ematen zidan, baina ez zion axola, izan ere gauean Hussain Khanek nire lana neurtuko zuen, epaituko zuen ondo ote zihoan, kontuz egina ote zegoen, eta ondoren, arbelean, marra bat ezabatuko zuen: rupia bat lan egun bakoitzeko.

Hiru urte daramatza ezabatzen eta oraindik marra guztiek hor jarraitzen dute, edo niri behintzat hori iruditzen zait, batzuetan gehiago daudela eta guzti iruditzen zait, baina hori ezinezkoa da. Klarionaz egindako marrak ez dira nire aitaren baratzeko belar txarrak bezalakoak, haiek gau bakar batean hazten baitira uzta pikutara bidaliaz.

Bazkaltzeko atsedenaldian arrastaka irteten ginen patiora, nekearen nekez lelotuta, putzuaren inguruan eguzkipean eseri eta gure *chapati*a barazkiekin jaten genuen eta ura edaten, eztarria artilez betea edukitzen genuelako. Gutxik edukitzen zuten artean hitz egiteko, barre egiteko edo bi egur puska edo antzeko zerbaitekin jolas egiten saiatzeko indarra. Atsedenaldiak ordu bete irauten zuen, goseak luzaroago. Ondoren, berriro lantokian sartzen ginen, Hussain Khan eta bere emaztea etxera erretiratzen ziren bitartean, arratsaldeko bero sapatik babesteko.

Ordu batzuk zaintzarik gabe igaro genitzakeen; halere inork ez zeukan ihes egiteko adorerik eta ezin ginen besoak tolestuta egon: iluntzean ugazabaren sastre-metroarekin azken zentimetroraino neurtuko zitzaigun pasatutako denboran egindako lana.

Lan gutxi, rupiarik ez, hori bagenekien.

Horrela igaro zen nire bizitza azken hiru urteetan. Ez nuen beste ezer espero. Eta besteek ere ez zuten besterik espero, hori uste dut behintzat. Lehen hilabeteetan nire familiarengan pentsatzen nuen: ama, anai-arrebak, etxea, landa, goldeari tira egiten zion bufaloa, garbantzu irin, azukre eta almendrarekin egin eta festetan jaten genituen *laddu* gozokiak, denak nituen gogoan. Baina denbora joan ahala oroitzapen horiek ere lausotu zitzaizkidan, alfonbra bat urteetan zapaltzen denean marrazkiak ezabatzen zaizkion bezala.

Harik eta Iqbal azaldu zen arte –udaberria zen.

Eta berarekin askatasuna.

III

Iqbal, ongi gogoan dut, uda hasierako goiz batean ailegatu zen. Eguzkia oso goian zegoen eta asko berotzen zuen, guk lana egiten genuen txapazko lantegian sartzen zenean, bertan argi-marra luzeak osatuz, eta haietan hautsak, zirimolak eginez, dantza egiten zuen. Lantzen ari nintzen alfonbraren bilbean horrelako bi argi-marra gurutzatzen ziren, kolore biziak nabarmenduz, eta nik pentsatzen nuen bi ezpata izan zitezkeela borroka hilgarri bat egiten. Erabakia nuen bata heroi onaren ezpata zela, eta bestea gaiztoarena. Ehungailuaren oin-oholak mugituaz lortzen nuen heroiaren ezpatak, une batez, besteari aurre hartzea, gaiztoa ihesi bidaltzeraino, baina hori, behin eta berriz itzultzen zen borrokara.

Karimek hamazazpi urte zeuzkan ia, eta ordurako hatzak lodiegiak eta dorpeegiak zituen alfonbretako korapilo delikatu eta finak egiteko, eta horregatik gu umeon zaindari antzeko bat bilakatu zen. Berak zioenez, zineman bi aldiz egona zen eta bertan honelako historiak kontatzen omen ziren, eta amaieran, nahigabe guztien ondoren, heroi onak irabazten omen zuen beti. Gero zeta koloretsuzko jantzi bat jarri eta bere neska gogokoena emaztetzat eskatzera joan zitekeela, eta neskaren aitak ezin ziola ezetz esan, alderantziz, pozik jarriko zela, berak menperatu zuelako gaiztoa, bere bizia arriskuan jarriz.

Seguruenik egia zen zineman egona zela, guri horrelako zortea sinesgaitza iruditzen bazitzaigun ere, izan ere gau batzuetan, Karim umore onekoa zegoenean, filmetako pasadizoak xehetasun guztiekin kontatzen zizkigulako, eta hori guztia ezin zen asmatua izan, ez zeukan horretarako behar adinako irudimenik. Film oso luzeak eta konplikatuak ziren. Lehenengoa kontatzeko bi hilabetetik gora behar izan zituen Karimek, hain zuzen ere gauero ez zuelako kontatu nahi izan, mutil ero samarra zen bera. Filmaren amaierara ailegatu ginenerako ez genuen hasiera gogoratzen eta berriz hasteko eskatu genion. Pentsatzen nuen gustatuko zitzaidakeela noizbait zinemara joan ahal izatea. Aita eta ama sekula egon gabeak ziren, berdin nire anai-arrebak ere. Pobreegiak ginen. Zinema hiriko aberatsentzako luxu bat zen, telebista bezala.

Ugazabek bazeukaten telebista. Gauez, lokartzen saiatzen ginen bitartean, sentitzen genituen Hussain Khanen etxeko egongelatik ailegatzen ziren ahots bitxiak eta leihoetan errezeletatik barrena pasatzen ziren argi koloretsuak. Karimek zioen, beti berak, egun batean leihoraino igo eta kirik egin zuela barrurantz, baita criket partida bateko ia bost minutu ikusi ere.

—Zer da cricketa? —galdetu nion.

—Ixo, zu, tuntuna! —erantzun zidan.

Baina hori, nire ustez, gezurra zen. Egia zen Karim ugazabaren lausengari bat zela eta zaindariarena bere kabuz egiten zuela, bestela ez zuelako jakingo ez nora joan eta ez non jan, baina ezta ere ez zen esandakoaren antzeko ezer egiteko gai izango. Arriskutsua zen ugazaben etxera arrimatzea.

Distraitu egin nintzen. Justu-justu iritsi nintzen galtzen ari nintzen hari bat harrapatzera. Eguzkia ilundu egin zen. Argizko bi ezpatek borroka egiteari utzi zioten. Denok jiratu ginen: ugazaba ate parean zegoen eta bere gorputzarrarekin betetzen zuen. Bidaia-arropekin jantzita zegoen: ia hanketaraino ailegatzen zitzaion tunika bat eta bota arinak, lur gorriz estaliak. Ezkerreko eskuan poltsa bat zeukan eta eskubikoarekin nik baino urte pare bat gehiago zeuzkan mutiko baten besoari heltzen zion. Mina emateko moduan heldu ere.

Mutikoa ez zen oso garaia, argala eta beltzarana zen. Ederra iruditu zitzaidan. Gero pentsatu nuen ezetz, ez zela ederra, baina bazeuzkan begi batzuk..., nire Iqbalen begiak, oraindik ere gogoan ditudanak. Gozoak eta sakonak ziren, eta ez zeukaten beldurrik. Tente zegoen lantegiko sarreran, Hussainen eskutzarrak besaurrea estutzen ziola eta gu denok hari begira: hamalau geunden, gehi Karim, zaindaria. Denok, seguru nago, gauza bera pentsatu genuen: gurekin elkartzera zetorren mutilak –urte haietan ailegatu edo joan ziren haietako bat gehiago–, bazeukan zerbait besteengandik desberdina, unean bertan zer zen ulertu ez bagenuen ere. Banan-banan begiratu zigun: triste zegoen, bai, etxetik, guraso eta pertsona maiteengandik aspalditik urrun dagoena bezala, ozta-ozta esklabo bat baino zerbait gehixeago dena bezala, zein etorkizun izango duen eta zer gertatuko zaion ez dakiena bezala, baloi baten atzetik joan, arratsaldeko azokan fruta lapurtzen ibili edo txingorrika jolastu ezin izan den mutikoa bezala.

Baina demontre, ez zeukan beldurrik.

—Zuek zeri zaudete begira —egin zuen orro Hussainek—, segi lanera.

Denok kolpean norbere ehungailurantz jiratu ginen, baina ondoren kirik egin genuen berriro. Hussainek ehungailu huts batera eraman zuen mutiko berria, justu nirearen aldamenekora. Azpitik kate bat atera eta eskuineko hanka lotu zion.

—Hau izango da zure postua —esan zion—, hemen egingo duzu lan. Eta lana ongi egiten baduzu...

—Badakit —esan zion.

Hussain apur bat harrituta geratu zen. Ohiko arbela hartu zuen, ordurako marraz erabat betea.

—Hau da zure zorra —hasi zitzaion—, eta gauero nik...

—Badakit, —esan zion mutikoak berriro ere.

—Ongi da —esan zuen Hussainek—, ongi da, jaun Askojakina. Zure aurreko ugazabak esan dit kaskagogorra eta harroxkoa zarela. Baina hemen joango zaizkizu horretarako gogoak. Baina baita ere esan dit ez dagoela zu bezalako langilerik, nahi duzunean. Ikusiko dugu. Ikusiko dugu.

Hussain aterantz abiatu zen. Sarreran geratu eta hatz erakusle potoloarekin Karim seinalatu zuen:

—Eta zuk ongi kontrola ezazu! —egin zuen zaunka.

Karimek baiezko keinua egin zuen buruarekin, baina ez zirudien oso konbentzitua.

Mutiko berriak bere postuan eseri eta berehala lanari ekin zion. Denok isilik eta aho zabalik geratu ginen hari begira. Ez zegoen hura baino trebe eta bizkorragorik, ez zegoen inor korapiloak berak bezain ongi eta fin lotzen zituenik; haren hatzak ehungailuko bobina batetik bestera hegan joaten ziren, sekula ikusi gabe geunden eran. Eta Hussainek eman zion marrazkia zailenetakoa zen. Gu ere bata bestearen ondoren lanean hasi ginen. Gauza bat geneukan denok garbi, alegia, hura ez zela «azaburu» haietako bat, ez horixe! Ez zuen ugazabak horregatik katez lotu.

Beste zerbaitegatik jarri zuen lotuta.

—Nola duzu izena? —galdetu zion Karimek, ahots zakarra jartzen saiatuz.

—Iqbal —erantzun zion—, Iqbal Masih.

IV

Gau hartan bertan, ugazabak argiak itzali zituenean, eta guk erdi lokartuta zegoela ziurtatu ondoren, guztion arteko gazteena, Ali, atea zaintzen jarri eta lantegia isilpean zeharkatu genuen mutiko berria ezagutzeko. Nirekin zihoazen Karim, zeinari bere zaindari zereginak galarazi egiten zion horrelakorik, baina ezin zuen jakin-mina aguantatu; Salman, hamar urte inguru zeuzkan baina zaharragoa zirudien mutikoa, aurpegiko eta eskuetako azala pikatua zeukana eguzkiaren eta buztinaren eraginez, izan ere hiru urte luzez adreiluak egiten aritu baitzen Karatxi aldeko lekuren bateko labe batean, eta guztioi beldur pixka bat ematen zigun gogorra eta zakarra zelako; eta Maria txikia ere etorri zen, ni baino neskatila gazteagoa, txoriño bat bezain txikitxoa eta ile motz-motza zeukana, burua estaltzeko beti erabiltzen zuen kotoizko painuelo handiaren azpian. Sekula inork ez zion hitzik entzun negu hasieran ailegatu zen egunetik, ez genekien mutua ote zen edo zer. Maria izena guk jarri genion eta berak berehala ikasi zuen. Bere ehungailuan kiribilduta egiten zuen lo, eta beti eta edonora, itzal bat bailitzan jarraitzen zidan atzetik.

Besteek nahiago izan zuten lotan jarraitu, nekatuegiak zeudelako edo ez zeukatelako gogorik behin gehiagotan entzuteko ailegatu berria zen mutikoaren ahotik guztioi gertatutako historiaren antzeko beste bat. Denok pobreak ginen eta gurasoek saldu gintuzten lurraren jabearekin edo hiriko edozein merkatari aberatsekin zeukaten zorra kitatzeko esperantzarekin. Hori zen Hussainek gutariko bakoitzaren arbelean markatzen zuen zorra.

Zer zegoen berririk?

Iqbal esna zegoen. Bere katea ilunpetan txintxin egiten entzuten genuen. Lehen gauean, leku berri batera ailegatzean, inork ez zuen lo egitea lortzen, auskalo zergatik. Gutariko bakoitzak bi edo hiru ugazaba edukiak zituen, eta batzuk baita gehiago ere, eta hori ongi genekien. Bere ondoan pilatu ginen. Ez zegoen ilargirik, eta gure formak nekez bereiz genitzakeen ilunpetan.

—Adi egon, Ali —eskatu genion. Ugazaba asko haserretzen zen gauean jaikita aurkitzen gintuenean, eta esaten zigun hurrengo egunean tentelak eta motelak egoten ginela eta ez genuela behar adina lan egiten.

Alik txistu soinu batzuekin erantzun zigun, «dena ongi» zihoala esateko.

—Gure aita goizean goiz ateratzen zen —hasi zen kontatzen Iqbal—, eguzkiaren lehen errainua azaldu bezain azkar, eta berehala lotzen zion bufaloa golde arinari. Ordu haietan, baita udan ere, giroa artean freskoa egoten zen eta arnasa har zitekeen, eta inguru guztian ikus zitezkeen soro landuak eta beste nekazari-familia morroiak gure lan berdinak egiten. Nik lagundu egiten nion aitari zakuto batean amak guretzat prestatutako ur botila eta barazkiak eramanaz. Hasieran, aitak gogotik egiten zuen lan, eta haren beso gihartsuek bazirudien ez zutela goldearen pisua igartzen. Baina ordu pare bat igaro ondoren moteldu egin behar izaten zuen erritmoa eta lurrak harrizkoa bihurtua zela zirudien eta nik aurpegitik eta bularretik behera hasten zitzaizkion izerdi xirripak ikus nitzakeen; bien bitartean hauts gorriak estaltzen zizkion ileak eta goldea ez zen hasieran bezala sartzen eta bufaloa ere geratu egiten zen beroarekin eta orroka hasten zen. Ondoren, eguerditik hirurak arte, eguzkiak errukirik gabe jotzen zuen eta beroa handiegia zen lanerako, bazirudien munduaren ertzak berak ere desagertzen zirela ganduan eta sargorian eta, orduan, zuhaitz baten itzalpean jartzen ginen, gure garbantzuak jan eta ur epel zurrutada bat edaten genuen, bufaloak intsektuetatik libratzeko isatsa mugitzen zuen bitartean. «Lur hau bedeinkatua da», esaten zidan aitak, «lur emankorra eta ona da, ongi ureztatua. Begira nola hazten den guztia, nahikoa da hazi bat lurrera botatzea eta, Jainkoa lagun, familia bat beti ugaritasunean bizi daiteke. Gogoan izan hau, Iqbal». «Bai, aita», erantzuten nion. Baina gure etxean ez zegoen ugaritasunik, jatekoa sekula ez zen ailegatzen eta nire anaia zaharrenak eztula zeukan eta gaizki zegoen. Behin batean galdetu nion aitari ea gauzak zergatik ziren horrela, ea zergatik gari eta olo guztia eta lantzen genituen barazkiak biltzen genituen egun berean gurdi baten gainera kargatu eta eramaten zituzten, eta zergatik gure etxolako sutondoan irin zaku bat eta beste garbantzu lehor zaku bat besterik ez ziren geratzen. «Guztia ugazabarena delako», erantzun zidan aitak. «Zuzena al da hori?» «Bera da ugazaba», esan zuen aitak, «eta gu zer gara?»

—Gure aitak ere hori esaten zuen —hitz egin zuen Salmanek—, baina gero baita ere esaten zuen ugazaba zekena eta gaiztoa zela, eta gau batzuetan, gure etxola barruan, madarikazio izugarriak botatzen zituen haren kontra. Amak dardarka erregutzen zion: «Ixo, mesedez! Ugazabak entzungo balizu...». Uste zuen ugazabak mila begi eta mila belarri zeuzkala. «Emakumeak! —bota zuen mespretxuz—, ez dute tutik ulertzen».

Hitza hartu eta bereak eta bi esan nahiko nizkion. Uste zuen emakume guztiak tentelak eta ezdeusak ginela. Baina nik berak adina lan egiten nuen, eta egun batzuetan baita gehiago ere. Isilik geratu nintzen, Salmanek izaera oso txarra baitzeukan eta ez zitzaion gustatzen inork kontra egitea. Errebelde bat zen, behin batean Hilobian eta guzti egon zen, bi egunez, eta irten zenean, beroarekin egosita eta luhartzek ziztatuta, lurrera txistu bota eta esan zuen: «Hau ez da ezer».

Gauza guztiengatik esaten zuen hura ez zela ezer labeko lanarekin konparatuta, baina sekula ez zuen kontatu nahi izan zertan zetzan adreiluak egitea. Nik ezin nuen lan hori ezta imajinatu ere egin eta otoi egiten nuen ugazabak ez nintzan saldu labe baten jabeari. Zer egingo nuen, orduan?

—Ez da ugazabaz gaizki esaka ibili behar —bota zuen Karimek—, guk zer egingo genuke Hussain Khan gabe? Berak ematen digu jaten eta zaintzen gaitu. Berak uzten digu lana egiten eta gure gurasoen zorra ordaintzen.

—Bai —Salmanek iseka egin zion—, eta berak egun hauetako batean bota egingo zaitu ez diozulako ezertarako balio eta eskean bukatuko duzu kale gorrian.

—Ez da egia —kexatu zen Karim—, ugazabak badaki ni leiala naizela eta nire beharrean dago.

—Noski, espioiarena egin dezazun.

Pentsatu nuen ileetatik tiraka hasiko zirela ilunpetan. Salmanek arrazoia zeukan: Karim beti zegoen prest Hussain Khani lantegi barruan gertatzen zen edo esaten zen guztia kontatzeko. Baina batzuetan bazirudien gurekin zegoela. Nik ez nuen ulertzen.

—Gure aita gizon ona da —esan zuen Iqbalek—, sekula ez du inor madarikatu. Beti onartu du bere patua. Baina anaia zaharrena okerrago jarri zenean eta gauak eztulka eta kexaka pasatzen zituenean, aitak ez zuen ezer esan. Sendagilea etortzeko abisatu eta hura etorri egin zen bere poltsa eta betaurrekoekin, lastairaren ondoan kukubilko jarri eta tresna batekin anaiari barrua entzun zion, hasteko bularraldea, ondoren bizkarraldea eta burua astintzen zuen.

—Egia da —esan zuen Karimek—, nik ere ikusi dut hori egiten.

—Ondoren aitarekin hitz egin zuen, kapelua eta banbuzko makila hartu eta joan egin zen. Ama negarrez zegoen, ordurako beste seme batzuk galduak zituelako. Hurrengo goizean, bufaloa goldeari lotzen genion bitartean, aitak esan zidan medikua berriz itzuliko zela eta botika bat ekarriko zuela, anaiaren bizitza salbatuko zuena. Eta bai, sendagilea itzuli zen eta harekin beste gizon bat zetorren, ongi jantzia, merkatari edo lur jabe bat zena, eta hark aitarekin hitz egin zuen, eta halako batean gerrian zeraman poltsa mardul bat atera eta billeteak erakutsi zizkion aitari, eta aitak burua astindu zuen esanaz: «Ez».

—Eta zer gertatu zitzaion zure anaiari? —galdetu genion.

—Ez zen sendatu. Egun batez eta gau batez eldarnioak izan zituen. Aitak ez zeukan inor soroan laguntzeko, ni artean txikiegia eta ahulegia nintzen hartarako. Luze hitz egin zuen amarekin. Gero herrira joan zen bufaloaren gainean. Ia gaua zela itzuli zen, eta segidan aitzurra hartu eta sorora joan zen arropak aldatu ere egin gabe, eta lanean jarri zen ilundu zuen arte, ia arnasarik gabe sartu zen etxera, ez zuen afaldu, sutondora deitu zidan, esan zidan gizon batek diru mordo bat mailegatuko ziola, hogeita sei dolar esan zuenez, eta ni saiatu nintzen horiek zenbat rupia ziren kalkulatzen, baina ez nuen lortu, eta esan zidan dirutza horrekin hurrengo uzta arte bizi ahalko zirela denak, eta anaiak beste botika batzuk izango zituela eta sendatu egingo zela, Jainkoa lagun. Esan zidan nik lana egin beharko nuela familiari zorra ordaintzen laguntzeko eta hilabete luzez ez genuela elkar ikusiko, baina alfonbrak ehotzen edo egiten ikasiko nuela eta horrek beti balio ahalko zidala bizitzan, zergatik ez?

—Gure aita ere zorpetu zen —xuxurlatu nuen ilunpetan—, ibai-horma hautsi eta uzta guztia galdu zuenean.

—Baita nirea ere —esan zuen Karimek—, baina ez dut arrazoia ezagutzen.

—Gure aitak —jarraitu zuen hitz egiten Iqbalek—, esan zidan beste irtenbide bat arrebetako bat bidaltzea izan zitekeela, baina nik esan nion: «Ez, bidal nazazu ni». Besarkatu eta esan zidan: «Beldur al zara?» «Ez», gezurra esan nion. Alfonbra fabrikatzailea hurrengo goizean etorri zen. Autoz etorri zen, oso atsegina izan zen baita amarekin ere. «Hirira eramango zaitut» —esan zidan—, gustatuko zaizu, ikusiko duzu». Bidean jarri ginean, automobileko atzeko kristaletik barrena begiratuz ikusi nuen azkeneko gauza aita izan zen, bufaloa egurtzen, soroan arrastaka zeramala, eta entzutekoa zen animalia gaixoak orro nola egiten zuen.

Isilune bat egon zen.

—Tira —esan zuen azkenean Karimek—, ez duzu denbora asko beharko zure aitaren zorra ordaintzeko. Nik horretaz badakit, makina bat holako ikusi ditut. Ez dago zuk bezain azkar eta ongi lana egiten duenik. Arbeleko marrak ezabatuko dituzu eguzkiak mendiko elurrak ezabatzen dituen bezala.

Une batez, ilunpetan Iqbalen hortzen zuria erdikusi nuen, irribarre egin balu bezala.

—Zorra ez da sekula ordaintzen —esan zuen poliki—, nahi bezain ausarta, trebea eta bizkorra izan zaitezke.

—Zu ez zaude burutik ondo —egin zuen oihu Salmanek—, gaiztakeriagatik esaten duzu hori, beldurtu nahi gaituzulako diozu. Ugazabak egunero ezabatzen du marra bat eta denak ezabatzean etxera itzuliko gara. Adreiluekin ere berdin funtzionatzen zuen, zer uste duzu: egunero mila adreilu egin behar izaten genituen, eta mila adreiluko ehun rupia jasotzen. Nire familia guztiak egiten zuen lan, baita arrebek ere.

—Eta kitatu al zenuten zuen zorra? —galdetu zion Iqbalek.

—Ez —marmarka Salmanek—, baina zer esan nahi duzu? Egun batzuetan euria egiten zuen, lurra hondartsua zen eta ezin zen orea egin, baziren labetik ateratzean hausten ziren adreiluak eta zorte txarra...

—Inoiz ikusi al duzue zorra ordaindu duenik? —galdetu zuen berriro mutiko berriak.

Ilunpetan Mariaren gorputza nirearen kontra sentitzen nuen. Agian esaten ari ginena entzuten eta ulertzen arituko zen. Nik ulertu nuen eta atsekabez betetzen ninduen azkena ailegatutako hark horrelako gauzak esateak. Esan nahiko nion: «Faltsua eta gezurtia zara!», baina ezagutzen ez nuen arren, ez zitzaidan era horretako pertsona iruditzen.

—Ez —erantzun genion denok, bata bestearen ondoren—, ez, sekula ez dugu zorra kitatu duen inor ikusi.

—Baina... —saiatu zen Salman kontra egiten.

Une hartan Alik, atea zaintzen zuen bitartean dena entzuten egon ondoren, bi txistu luze eta seguru jo zituen. Alarma. Denok geure kamainetarantz joan ginen ziztuan. Lokartzen saiatu nintzen, baina ezin nuen. Buelta batera eta buelta bestera ibili nintzen. Handik pixka batera lurrezko zoru hautsez betea arrastaka zeharkatu nuen. Artean, Iqbal berri hura ere esna zegoen. Bere belarrira arrimatu nintzen, besteek ez entzuteko.

—Zer esan nahi zenuen —galdetu nion sututa—, sekula ez dugula hemendik irtetea lortuko? Ez garela etxera gehiago itzuliko?

—Zu nor zara? —galdetu zidan berak.

—Fatima dut izena

Segundo batzuk isilik geratu zen.

—Fatima, ba al dakizu sekretu bat gordetzen? —murmurikatu zidan gero.

—Noski baietz, zer uste duzu naizela?

—Beraz esan ahal dizut —oraindik isilago hitz egin zuen—, egon zaitez seguru hemendik aterako garela.

—Esan duzu ezinezkoa dela zorra ordaintzea —gogoratu nion.

—Bai, egia da, baina gu ez gara horrela aterako.

—Eta nola, beraz? Uste dut ugazabak arrazoia daukala jaun Askojakina deitzean.

—Ihes egingo dugu, horrela aterako gara.

—Zu zoratuta zaude!

—Ez nago zoratuta. Ihes egingo dugu eta zu nirekin etorriko zara.

Ez nuen ezagutzen. Harroputz bat izan zitekeen, edo okerragoa, benetan burutik egon zitekeen. Baina sinistu egin nion. Nire kamainara itzuli eta geratzen ziren gaueko orduak urduri igaro nituen. Esaldi hura neukan buruan eta ezin nuen kendu. Mandeuli bat baino tematiagoa zen.

«Ihes egingo dugu!».

V

Hilabete baino gehiago igaro zen ezer berririk gertatu gabe. Beroa gero eta itogarriagoa zen eta lana gero eta gogorragoa. Hussain Khan lantegian gora eta bera ibiltzen zen urduri, eskuak bihurrituz, Allaren eta Igarlearen izena alferrik esanaz, guztioi mehatxuak eta promesak, laztan koipetsuak eta koskorrekoak banatuz. Gutariko adituenok bagenekien zergatik gertatzen zitzaion hori: bezeroak ailegatzekotan zeuden, segur aski atzerritarrak ziren, eta ugazaba beldur zen egiten ari ginen alfonbrak ez ote ziren behar bezain ederrak edo perfektuak eta gizon itzaltsu haien atseginekoak izango.

«Nire txikiak», «usotxoak» edo baita «nire ume maiteak» deitzen zigun, gogorarazten zigun beharrez eta gosez beteriko bizitzatik salbatu gintuela eta berari asko kostatzen zitzaiola gu mantentzea. Hari kalterik ez eragiteko erregutzen zigun, haren kaltea gure kaltea ere izango zelako, eta segidan mehatxurik beldurgarrienak jaurtitzen zizkigun. Eta hala zen, ongi genekien, bezeroak ailegatu bezperetan oso erraza zen Hilobian amaitzea, baita txikikeriarik txikienagatik ere.

Ilunabarrera jota ailegatzen ginen, hatz mamietan hariek egiten zizkiguten ebakiz hatzak odolduta genituela. Karim zen guztion artean Hussainen amorruari beldurrik handiena ziona: ugazabak kalera bota izan balu, berak zer egin ahalko zuen, ez baitzeukan ez familiarik ez nora joanik. Azokako edozein bazterretan bukatuko zuen fededunen errukiaren baitan. Horregatik, egunez haren haserreak jasan behar izaten genituen, bai eta ugazabaren aurrean salatzeko mehatxuak ere, burua une batez jasotzen bagenuen.

Baina gero, gauean, errukitu egiten zen gure malko eta esku zaurituekin, bere kamainatik jaiki eta marmarka eta ezertarako balio ez zuten txotxolo batzuk besterik ez ginela esanaz lanpara bat piztu eta ukendu-pote bat ematen zigun, zaurietan jartzeko, auskalo non lortutako latoizko pote handi horietako bat.

Gutariko asko bere salaketengatik zigortuak izan baginen ere, ongi pentsatuta esan behar dut Karim ez zela gaiztoa. Haren historia denok ezagutzen genuen: Hussain Khanen esku zazpi urte eskas zituela utzi zuten eta geroztik, bere bizitza osoa, hemen barruan igaro zuen: etxe hau bere etxe bihurtu zen eta gehiago esango nuke, nolabait Hussaini estimua ere hartua zion, nahiz eta guk bezala lana egina zen, negar egina, Hilobia guk bezala nozitu izana. Baina Karim, gu guztiok bezala, ez zen gaizto jaio eta ez zeukan aukerarik. Orain, alfonbrak egiteko handiegia eta ezgauza zenez gero, kalera botako zuten beldur zen, oinetako pare zahar eta zulatuekin egiten den bezala.

Guk gorrotatu egiten genuen beragatik zigortzen gintuztenean, baina nolabait ulertzen genuen bere patua egun batean geurea ere izan zitekeela; nahiz eta etorkizunaz pentsatzea gutxitan gertatzen zitzaigun gauza zen.

Mehatxu eta promesa zaparrada haietatik libratzen zen bakarra Iqbal zen. Hari oso noizean behin besterik ez zion Hussainek errieta egiten, baina ez zion ezta laztan koipetsu eta faltsu haietako bat ere egiten. Normalean Iqbalen ehungailu aurretik pasatzean lanarekin non zihoan begiratu eta ez zuen ezer esaten. Eta Iqbalek ez ikusiarena egiten zuen: ez zen lanean distraitzen, ez zuen negar egiten, ez zen kexatzen, ezta Hussainek bizkarra ematen zionean ez zuen aprobetxatzen aho-puzkar edo beste imintzioren bat egiteko ere.

—Ikusten da kateak bigundu egin duela, —esaten zuen umeetakoren batek.

—Ez, ez, —erantzuten zuen besteren batek —ugazabaren begiko ninia izan nahi du.

Nik banekien gauza haiek ez zirela egia. Baina Iqbal ez zen zurrumurru horietaz kezkatzen, ez eta adarra jotzen ziotenei lau egia esateaz ere. Umeok elkartuta egon behar genuen, ikusita guztiok zorte eta bizitza bera geneukala; alabaina sarritan borroka egi-

Karim ailegatu berria
Kasu egin esan du Iqbalek

ten genuen eta taldeka banatzen ginen eta zaharrenak txikienaz aprobetxatzen ginen, horrek gure patua aldatu eta hobeto egonaraziko bagintu bezala.

—Ez dit axola —besterik ez zuen esaten Iqbalek.

Eguerdi batean, bazkaltzeko atsedenean geundela, eguzkiak kiskaltzen zuen patioan arnasa hartu nahirik geundela, Karim hizketan hasi zen, ugazabarengandik jakindako konfidentziaren bat esatera joaten zenean hartzen zuen aire maltzur eta misteriotsuarekin.

—Gure lagun berria ongi tratatu beharrean gaude —esan zuen Iqbal seinalatuz—, hau berezia da. Baliotsua. Hussaini entzun diot hori beste fabrikatzaile bati esaten.

Denak bat-batean oso adi jarri ziren.

—Eta zer dauka bada hain berezia?

Karimek arreta guztia beregan jarria egon arte itxaron zuen. Hasteko keinu bat egin zuen esanaz bezala: «Nik badakit, baina sekretua da»; ondoren, inguruetara begiratu zuen, gugandik kanpoko inork ez zuela entzuten segurtatzeko, sorbaldak uzkurtu, lurrera txistu bota eta ahotsa jaitsi zuen, nekez entzuten zen xuxurla bat bihurtu arte, eta murmurikatu zuen:

—Bera egiten ari den alfonbra ez da besteona bezalakoa. Ez. Bukhara urdina da. Badakizue zer den? Horrelako alfonbrak urtean bi besterik ez dira egiten, agian hiru. Hussainek esan du, nik neure belarriekin entzun diot. Horrelako alfonbra batek diru mordoa balio du, eta ezin du ezta ere nornahik egin. Hori bezalako alfonbra bat egiteko artista izan behar da.

Isildu eta berriro txistu bota zuen lurrera.

—Beraz, gure laguna artista bat da. Nork esango zuen, gero?

Hamabost begi pare bueltatu ziren Iqbali begiratzera.

—Egia al da? —galdetu zioten.

Iqbal, ahari erreari jartzen zaizkion piper minak bezain gorri zegoen.

—Ez dakit, —esan zuen ahapeka.

—Bai, badaki, —hitza hartu zuen berriro Karimek— dagoeneko bat egin duelako. Hussainek esan du, bai, esan egin du.

—Egia al da? Egia al da? —galdetu zioten mordo batek.

—Nik, Hussain Khanen aurretik beste hiru ugazaba eduki ditut —erantzun zuen Iqbalek—, bai, eta haietako batentzat egin nuen honelako alfonbra bat.

—Eta nola lortu zenuen?

—Ez dakit. Eman zidan marrazkia kopiatu nuen.

Denok une batez isilik geratu ginen, berri haren esanahia hausnartzen.

—Baina hori horrela bada —esan zuen poliki bere familiarekin Indiatik alde egin eta hitzetan apur bat trabatzen zen mutiko batek—, zergatik zure aurreko ugazabek saldu zintuzten?

—Ez dakit —Iqbalek berriro ahapeka.

Ikusten zen lotsatuta zegoela historia harekin eta ez zitzaiola gustatu Karimek kontu haiek atera izana.

—Eta zuk, Karim, dena dakizunez gero, ba al dakizu zergatik saldu zuten bere aurreko ugazabek, esaten duten bezain bikaina baldin bada?

Karimek besteen gainetik dagoenaren itxura egin zuen:

—Nik badakit, baina ezin dizuet esan. Ugazaba nitaz fidatzen da eta ez zaio gustatzen bere konfidentziak hortik kontatzen ibil nadin.

Denok *buuuh!* egin genuen, Karim harroputz bat zelako, eta haserretu egin zen. Ondoren, lasaitasuna itzuli zenean, azal ilun-iluna zeukan mutiko bat, Hegoaldetik zetorrena eta itsasoa ikusia zuena, ordura arte putzu ertzean eserita egondako lekutik zutitu eta guztion erditik aurrera joan zen.

—Beraz, orain —esan zion—, orain ugazabak zorra kitatuko dizu. Alfonbra horrek benetan horrenbeste balio badu, kitatu egingo du zure zorra.

Denok buruarekin baiezko keinua egin genuen. Horrelako zoria sekula ikusi gabea zen.

—Horretaz seguru egon zaitezkete, —bota zuen Karimek—, ikusi beharko zenukete Hussain Khanek nolako beldurra daukan Iqbalek garaiz ez bukatzeko, ongi ez edo akatsen batekin egiteko, zeren gero alfonbra bota behar baita. Zorra kitatu egingo dio. Zuek badakizue Hussain ugazaba zuzena eta eskuzabala dela.

Azkeneko horri buruz gutariko askok zalantzak geneuzkan. Baina denok Iqbali begiratzen genion begi desberdinekin, ia denok inbidiarekin: berak lortu egingo zuen.

—Ez dit zorra kitatuko —esan zuen Iqbalek poliki—, ez didate kitatu ezta aurreko ugazabek ere. Zorra sekula ez da ezabatzen.

Protesta ahotsak entzun ziren: beraz, guk, zer itxaropen geneukan, zergatik lana egin behar genuen egunsentitik ilunabarra arte; eta berak, Iqbalek, nor uste zuen zela?, azken finean bera zen hona ailegatu zen azkena, eta ez zeukan eskubiderik guri horrela adarra jotzeko.

Baita Salman eta Alik ere, Iqbalekin lehenengo gaueko solasaldian parte hartu zutenek uste zuten gezurra esan zuela, orduko hartan oso seguru esan zuelako libre aterako zela.

—Gezurtia zara! —egin zion garrasi Alik, ia negarrez.

Salman amorruz dardarka zegoen.

Ondoko egunetan askok gorrotoa hartu zioten Iqbali eta harroputz bat zela eta Karim bezalaxe hura ere Hussainekin zegoela esaten zuten.

Ni saiatzen nintzen defenditzen, baina neskato bat besterik ez nintzen.

Ia gauero, lo hartu aurretik, nire ondoan zegoen Iqbalen kamainara arrastaka joateko ohitura hartu nuen, eta harekin kontu kontari egotekoa. Ez nuen berari buruzko gaiztakerietan sinisten, eta azkenean ugazabak zorra ezabatzen bazion, ongi, beragatik poztu egingo nintzen.

Ilunpetan geunden, elkarrengandik metro erdira, hiriko zaratak entzuten: sekula amaitzen ez zen trafikoa, apur bat apalagoa eta motelagoa orain; oihu batzuk bat-batean; alkoholaren debekua errespetatu ez zuen gizon baten garrasia eta beste zarata misteriotsuak eta lausoak, auskalo zerk sortuak. Landan jaioak ginen, eta han gaueko isiltasuna apurtzen zuten zarata guztiek zeukaten izena eta iturburu ezaguna: hegazti harrapari bat, bere katetik askatutako bufalo bat, kaleko txakur bat usainen baten atzetik jarraika, edo izpiritu urduri baten kirrinkak, zeinaren arrastoak hurrengo goizean aurkituko genituen, zuhaitzen azal harramazkatuan. Baina ez genion egiazko beldurrik izpiritu bati ere, munduko gauzen partetzat jotzen genituelako, ikusi ezineko mundukoak izan arren.

Hiria, aldiz, ez genuen ezagutzen. Minutu gutxi batzuez eta lausoki ikusi genuen, ugazabaren furgonetako kristaletatik barrena gure familiengandik urruntzera etorri zenean edo beste toki batera eramaten gintuenean.

Ni batez ere jendeaz oroitzen nintzen, sekula ikusi gabe nengoen jendetzaz, batetik bestera zihoazen, eta iruditzen zitzaidan egiaz inork ez zekiela ongi nora joan behar zuen.

Iqbali, aldiz, harrigarriena autobus bat gertatu zitzaion, autobus izugarri handi eta koloretsu eta argitsu bat, guk Pakistanen geneuzkan haietakoa, farolez eta kromatuz eta bozinaz bufalo-talde oso batek bezala orro egiten zuena, bai eta horri esker aurrera egiten zuena kaleko anabasaren erdian. Lehen aldiz ikusten zuen horrelako bat.

—Horra, —zioen Iqbalek—, autobus horietako batean atera, leiho ondoan eseri eta hiri guztiari buelta ematea gustatuko litzaidake, bi aldiz buelta ematea, eta korrika dabilen jende hori guztia nora doan ikustea.

—Ez, ez —erantzuten nion nik—, hobe zinera joan. Karimek noizean behin kontatzen digun amodio historia horietako bat ikusi nahiko nuke. Antza, kartel koloretsu handiak egoten dira filmen historiekin eta aktore eta aktoresen argazkiekin. Antza, batzuk oso famatuak dira eta kalean ezagutu egiten ditu jendeak.

—Aktoreak ez dira kaleetatik paseoan ibiltzen.

—Eta zuk zer dakizu? Batzuk bai joaten dira.

Edo gure familiez hitz egiten genuen, haietaz artean gogoratzen genuenaz edo dagoeneko ahaztua eduki eta beharbada gehiago gogoratuko ez genuenaz. Nik ez neukan aitari buruzko oroimenik eta amari buruz oroimen lausotu bat besterik ez. Iqbalek, aldiz, dena gogoratzen zuen, baita bizi izandako txabolan gauzak non zeuden ere, edo goizero egunsentiarekin aita nola jaisten zen garbiketak egitera errekara eta gero nola joaten zen ukuilura artean ilea bustia zuela.

Gero kontatu zidan, gauero, lo hartu aurretik, buruan errepasatzen zituela zeuzkan oroimenak, banan-banan, setakeriaz, ahazteko beldurrez.

—Eta zertarako balio dizute? —galdetu nion.

—Lagundu egiten didate, —erantzun zidan.

—Lagundu, zertan?

—Hemendik alde egiten.

Nik, ihes egiteko kontuaz sekula ez nion hitz egin, konpromisoan ez jartzeko. Banekien horrela, apur bat inportantzia emateko esan zuela, bi ume ezezagunak aho zabalik uzteko edo horretan sinisten zuelako itxura egiteak hobeto sentiarazteko balio ziolako. «Ez dago horretan ezer txarrik», pentsatzen nuen.

Eta ondoren baita ere pentsatzen nuen: «Egia balitz!»

Baina ihes egiteko nora joana eduki behar da, eta zer egingo nuen handik kanpo, ezagutzen ez nuen eta beldurra ematen zidan hiri batean? Nor arduratuko zen nitaz, izenez ere ezagutzen ez nituen hainbeste gauzen soinuekin? Karimek bezala egingo nuen, Hussain Khanekin bizitza osorako geratzea nahiago baitzuen. Hori bai, espioi lanak egin gabe.

Agian horrexegatik goizetan ezin izaten nuen, nahiz eta saiatu, bainugelako leihoko ertza ukitu: lortzeko beldurra neukan.

Eta bestetik, zergatik saiatu behar zuen bera bezalako batek ihes egiten, bere lanaren ordainetan libre utzia izango bazen? Zentzurik ez zeukan.

Beraz, ez nien ezer esan.

Handik hiru egunera, atzerriko bezeroak ailegatzeko zeudela, pisa egiteko atsedenean geundela, Iqbalek gauza hura egin zuen.

VI

Goiz berezia zen. Atzerriko bezeroak ailegatzen zirenean, Hussainek ezin gintuen haien aurrean oso gaizki tratatu, eta zoriontsuak ginela eta kontentu geundela sinestarazi behar zien.

«Hauek nire ikasleak dira» —esaten zuen ezker-eskuin laztanak banatuz—, nirekin lanbide duin bat ikasten dute, etorkizun hobe bat, goserik eta miseriarik gabea ziurtatzeko balioko diena. Bai, niretzat seme-alabak bezalakoak dira».

Ez dakit atzerritarrek sinisten zioten ala ez. Atzerritarrak jende berezia dira. Normalean gizaseme oso dotore jantziak izaten ziren, begi hotzak zeuzkatenak, baina noizean behin andreren bat ere etortzen zen, hankak eta besoak estali gabe eta ile perfumatuarekin, guri irribarrez begiratu eta esaten zuena:

—Ze ume ederrak!

Ez dakit hain ederrak ote ginen.

Goiz hartan, beraz, gosari normalean baino ugariagoa eman ziguten, eta horrek jada umore onekoak jartzen gintuen, eta horrela, komunera sartzeko zegoen oihal zikinaren aurrean ilaran geunden bitartean barre eta kontu kontari egon gintezkeen. Komuneko sarrera estaltzen zuen oihalari, sinesgaberen batek «Paradisuko atea» deitura jarri zion.

«Azaburuek» nahi zutena egin zuten, eta egun hartarako, atzerritarren omenez, ez zituzten ezta katez lotuko ere, eta gu geure txandaren zain geunden elkarri bultza eginaz.

—Ixo, umeak, ixo! —egiten zuen oihu ugazaba-andreak, baina mehatxu doinurik ez zuen, besteetan ez bezala. Baita Hussain ere, normalean goiz erdian agertzen zena galtzak lotuaz, aurpegia loarengatik puztuta, ordurako jaikita zegoen eta urduri, eta izerditan zegoen eta etenik gabe hitz egiten zuen.

Karim izututa zegoen zerbait oker zitekeela eta kasu horretan Hussainek kargu berari hartuko ziola pentsatzean. Ordura arte guk egindako alfonbrak dendan pronto zeuden, eta ehotzen ari ginenekin demostrazio bikainak egiten genituen ehungailuan. Hitz batean esanda, ia festa giroa zegoen.

Nire txandaren zain, Maria txikia nire gonari helduta zegoela eta Aliren ukondokada eta Salmanen atximurretatik babestu nahian nengoen bitartean, barrenean sentipen arraro bat neukan, bularrean haizea banu bezala: seguru nengoen goiz hartan jauzi izugarri handi bat eman ahalko nuela, ia hegan eginaz bezala, eta lehen aldiz zutikako komunaren gaineko leiho ertzari heldu ahalko niola.

Jakina, inork ezin zuen imajinatu gertatu zena.

Iqbal ez zegoen ilaran gurekin, bere ehungailuaren aldamenean zegoen, baina inork ez zion kasurik egiten. Esan dut: horrelako egunetan inork ez zuen nahi aldamenean, bekaiztiak zirelako, eta bera ere bere kasa ibiltzen zelako, pentsamendu larriak eduki izan balitu bezala. Adibidez, baziren egun batzuk ugazabak kateak kendu zizkiola, eta hori mesede txiki bat balitz bezala hartu zuten.

Goiz hartan ez nintzen komunera joan, eta ez nintzen almendrondo adarra ikusten zen leihora igo.

Bitxia da nola zenbait gauza gogoratzen diren, gertatu eta urte askotara ere, atzo gertatu izan balira bezain garbi eta zehatz. Ikuskizun hura, oraindik begien aurrean daukat, eta bihotza taupaka jartzen zait.

Gogoratzen dut Hussain gure ilaran gora eta behera zebilela, urduri eta ezinegonik. Gogoratzen dut nola kolpean geratu zen, eskuak mugitzeari utzi eta aurpegia erabat zurbildu zitzaion. Gure atzeko zerbaiti begira zegoen. Gogoan ditut haren begi arranpaloak eta haren ahoa, tabakoak belztutako haginekin, poliki zabaltzen zela. Denok batera hartu genuen buelta, esku handi batek denoi heldu eta burua jiratzera behartu izan bagintu bezala. Ez dut ikuskizun hura sekula ahaztuko.

Iqbal zutik zegoen bere lanpostu ondoan. Haren atzean zegoen alfonbra, sekula ikusi gabeko urdinezko alfonbra zoragarri hura, lorez osaturiko marrazki konplexu bat zeukana: perfektua zen. Iqbalek ia heren bat bukatua zeukan, beste inork baino azkarrago eta hobeto egina zuen lana. Atzerritarrak txoratu egingo ziren halako alfonbra batekin.

Iqbal ere zurbil zegoen, baina ez Hussain Khan adina. Korapiloetako haritxoak mozteko erabiltzen genuen labana hartu, buru gainera jaso, guztioi banaka-banaka begiratu, poliki buelta eman eta alfonbra ebaki egin zuen goitik behera, erdi-erditik.

«Ez —pentsatu nuen—, ez ezazu egin!».

Oso garbi entzun genuen, lantegian egin zen isiltasunean, hariek ebakitzean atera zuten *zarrast* soinua.

Hussain Khaneek txerri zauritu batek bezala egin zuen garrasi. Ugazaba-andreak garrasi egin zuen. Karimek garrasi egin zuen, berak ugazabek egiten zuten guztia egiten zuelako. Lantegian zehar korrika ikusi genituen, hauts eta iztupa laino bat harrotuz, elkarri traba eginaz, estropezu eginaz, madarikazioka eta biraoka, benetako sinestunek sekula egin beharko ez luketen bezala, baina poliki egiten zuten korrika, ametsetan gertatzen den bezala, korri eta korri eta sekula ez zarela ailegatzen.

Harrapatu eta arma kendu baino lehen, Iqbalek beste bi aldiz erabili zuen labana, eta orain, munduko alfonbrarik ederrena artile zikin pilo bat besterik ez zen zoruko lur gorriaren gainean. Gero, ustekabeko isiltasuna nagusitu zen, eta bazirudien sekula ez zela hautsiko. Gu, senez, lantegiko txoko batean geunden pilatuta, hobeto babesteko bezala. Hussain Khan Iqbalen aurrean zutik zegoen eta bere gorputzaren handiarekin menderatzen zuen. Aurpegia gorri zeukan, eta lepoko zainak puztuta, lehertzeko zorian. Eskuan zeukan Iqbali kendutako labana eta une larri batez denok pentsatu genuen: «Hilko du!».

Ugazaba-andrea negar-zotinka zegoen, alfonbra puskak jaso eta lur gorria astintzen zien, mirari bati esker lehengo lekuan berriz jartzeko modua egon izan balitz bezala.

Karimek burua eskuartean hartu zuen, desesperaturik, errua berea izan balitz bezala.

—Madarikatua! —ulu egin zuen Hussainek—, madarikatua! Esan zidaten errebeldea eta traidorea zinela. Esan zidaten: «Hussain, ez zaitez fida! Sugegorri bat da. Suge pozoitsu bat. Esker txarrekoa». Eta nik, ergela eta itsua, pentsatzen nuen... Baina ordainduko duzu, o, bai, ordainduko duzu!

—Hilobian —garrasi egin zuen ugazaba-andreak—, sar ezazu Hilobian, eta ez utzi handik sekula irteten!

Besotik heldu eta patiora atera zuten. Guk atzetik jarraitu genien, txita talde izutu baten antzera. Atean geratu ginen. Ikusi genuen Iqbali nola urratu zitzaizkion belaunak harrizko zoruaren kontra, eta beso batekin nola jotzen zuen putzuko ertz bat. Ugazaba, atzeko partean ezkutuan zegoen burdina herdoilduzko atearen aurrean geratu zen, nekez lortu zuen irekitzea erro erdi-janei buelta emanaraziz, hara eskaileretan behera jaisten ikusi genuen, ilunpetan, Iqbal bultzaka zeramatela, eta gero zarata entzun genuen, zarata izugarria eta beldurgarria, gauetako gure ametsetan entzuten genuena: Hilobiko tapa altxatzen eta ondoren *danba* erortzen, eta burrunba luze entzuten jarraitu genuen patioko sargori astunean.

Inork ez zuen zirkinik egiten. Ez zebilen haizerik. Ez zen mugitzen ezta hautsa ere. Ezpatak bakarrik zebiltzan gure hankak martirizatzen, baina inork ez zuen haiek izutzeko gogorik.

Hussain Khan lur azpitik atera zen, poliki, astun; haren pausoak banan-banan entzun genituen eskailera mailak zapaltzen. Eguzkitara atera zenean begiak igurtzi zituen. Burdinazko atea ostikada bakar batekin itxi eta gure alderantz abiatu zen, artean lantoki sarreran mugitu ezinda baikeunden.

—Lanera! —esan zuen marmarrean.

Gure ehungailuetara itzuli ginen. Lanari ekin genion. Denok batera. Mugimendu berdina. Zarata berdina.

Tunf, tunf, tunf.

Hussain gure atzean zegoen, isilik. Haren begiak sentitzen genituen gure bizkarra zulatzen.

Ez zen jada festa-eguna.

Tunf, tunf.

Alik, nire eskubian lana egiten zuenak, segundo batez burua nireganantz jiratzea lortu zuen. Ezpainen mugimenduarekin isilpeko galdera bat egin zuen:

«Zergatik egin du?»

Oso azkar egin nion beste keinu bat: «Ez dakit».

Patioko harrien gainetik arrastaka zeramaten bitartean, Hilobira jaisteko eskaileretan behera desagertu baino une bat lehenago, Iqbalek burua atzera jiratu eta begiratu egin zidan. Niri begiratu zidan, seguru nago. Luze begiratu ere, ilunpeak irentsi zuen arte. Zerbait esan nahi zidan. Agian esan nahiko zidan zergatik egin zuen hura, ugazabari zergatik egin zion desafio hain ero hura.

Ni ez nengoen seguru ulertu ote nuen. Baina gauza bat ikusi nuen garbi: Iqbalek, une hartan, beldurra zuen guk guztiok bezala.

Baina berdin-berdin egin zuen egin zuena.

VII

Hilobia, patiopean lurperatutako zisterna zahar bat zen; ahoa burdin sare batekin itxia zeukan, burdinazko aterantz igotzen ziren eskailera heze eta irristagarri batzuen hondoan. Han behean ez zegoen argirik, hori zioten handik pasatutakoek, eguzki izpiren bat bakarrik sartzen zen nekez arratsalde erdian, patio sarrerako atean denboraren iraganak eta herdoilak egindako zulo eta zartaduretik barrena. Eta han azpian ez zen airerik sartzen, itogarria zen.

—Ezin da arnasa hartu —esaten zuen Salmanek, zenbait hilabete lehenago ezagutu baitzuen, goizetan ugazaba-andreak edatekoa ekartzeko erabiltzen zuen lore hori eta urdinez esmaltatutako pitxarra, korrika zihoala hausteagatik—, itomena sentitzen da eta erotu egingo zarela pentsatzen duzu. Airea faltatzen hasten zaizunean, iruditzen zaizu bakarren batek lepotik heldu eta estutu egiten dizula. Eta gero iluntasuna dago. Ilunpetan denbora bat daramazunean forma arraroak ikusten hasten zara, baita koloreak ere, baina ez dizute laguntzen, aldiz, are beldur gehiago ematen dizute. Ezagutzen dut bat, atera zenean zoratuta zegoena eta ez zuen inork ezagutzen.

—Eta gero armiarmak daude —esan zuen beste batek, menditik zetorren eta horregatik era berezian hitz egiten zuen mutiko batek—, honelako handiak —esku ahurra erakutsi zuen—, eta luhartzak. Luhartzak gaiztoak dira. Ziztatu eta hozka egiten dute eta pozoia daukate. Eta sugeak ere badaude.

—Ez dago sugerik —esan zuen Salmanek mespretxuz—, urik ez dago eta.

—Bai, badaude —kontra egin zion menditarrak—, nik ikusi ditut.

—Zu sekula ez zara Hilobian egon —isilarazi zuen Salmanek—, hobe duzu isilik egon.

Gau hartan denok esna geunden, nekatuta eta gose egon arren, izan ere ugazabak ordubete gehiago lana egitera behartu gintuelako, baita ilundu eta gero ere, eta ez zigulako afaltzen eman. Atzerriko bezeroak etorri ziren, justu-justu begiratu ziguten, alfonbrak auto eta furgonetetan kargatu eta alde egin zuten. Hussain Khanek negozio ona egingo zuen. Normalean, atzerritarren bisita ondoren ugazaba-andrearekin ospatzen zuen gauean berandu arte, irratiko musika entzuten genuen, eta baita beste tresna batekoa ere, Karimek azaldu zigunez gramofonoa deitzen zen. Baina ez zen guk entzun ohi genuen musika, ferietan herritarrak animaliak saltzeko elkartzen zirenean entzun ohi genuena: musika arraroa zen, zarataz betea, eta abestietako hitzak ez genituen ulertzen.

—Atzerriko gauzak —esan zuen Karimek, jakitun itxurarekin—, urrutitik datozen gauzak.

Baina oraingoan ugazaben etxea ilun eta isilik zegoen, mehatxu bat bezala.

—Ordainduko duzue —esan zigun Hussainek lotara joan aurretik—, zuen lagunak egindakoarengatik guztiok ordainduko duzue. Denok ados zeundetelako berarekin, seguru nago.

Pare bat besterik ez ziren saiatu, tentelenak eta beldurtienak, beren buruak defenditzen eta ezetz esaten, beraiek ez zutela ezer egin. Baina atximurka isilarazi genituen. Oraingoan inork ez zuen ezer Iqbalen aurka.

—Beroegi egiten du —xuxurlatu nuen—, nola lortuko du hortik bizirik ateratzea?

—Labe batean egotea bezala izango da —esan zuen ahopean Salmanek—, agian okerragoa. Nik ez dut ezagutzen uda betean Hilobian egon den inor. Eta zuk?

Guztiok ezezko keinua egin genuen. Eguzkiak, arratsalde hartan, errukirik gabe berotu zuen, eta izerditan blai geunden, baita orduan, gaua zelarik ere, eta burua irakiten sentitzen genuen, sukarra bagenu bezala.

—Inor ezin da bizirik atera Hilobitik, uda gorrian —esan zuen baten batek ilunpetan.

«Egon ixilik! Egon ixilik!» garrasi egin nahiko nukeen. Nire ondoan, Maria eta Ali beldurrez dardarka zeuden.

—Nik bai ikusi nuen bat udan Hilobitik irteten —esan zuen Karimek, ahots sakon, ia heldu batenarekin—, Hussainek bost egunez eduki zuen. Duela urte asko gertatu zen. Ni artean txikia nintzen, baina halere ongi gogoratzen dut. Mutiko hura ni baino handiagoa zen, baina ez dakit nondik zetorren. Belarri bat falta zitzaion, hori bai gogoan dut, eta basati itxura zeukan. Kale-txakur bat zirudien eta beldurra ematen zuen.

—Zer egin zuen? —galdetu genion.

—Lana egitera ukatu, hori da egin zuena. Eta Hussainek jipoitu egin zuen. Ondo jipoitu ere, ikusi egin behar zenuten. Baina hark ez zuen ezta garrasirik ere egin, txakur batek bezala.

—Eta gero?

—Lana egitera ukatzen jarraitu zuen. Eta Hussain, makila bat eskuan zuela azala kentzera erabakirik, bigarren aldiz inguratu zitzaionean, badakizue zer egin zuen? Hozka egin zion. Beso batean haginak sartu eta ez zuen askatzen. —Karimek lurrera txistua bota zuen—, txakur batek bezalaxe.

—Eta orduan ugazabak Hilobian sartu zuen?

—Bost egunez eduki zuen han.

—Eta atera al zen?

—Bai, atera zen. Besoetan ekarri zuten gora, hilda zirudiela, baina ez zen hil. Erabat erreta zegoen beroagatik eta gorputzeko azala erori egiten zitzaion. Aste bat pasatu zuen bere kamainan etzanda, eta aurpegian zapi busti bat jartzen genion. Gero jaiki eta lanean hasi zen. Eta nik diot: hori lehenago ere egin zezakeen, ez? Geroztik ez zen berdina izan: artean txakur bat zirudien, baina isatsa hanka artean daukaten horietakoa.

—Iqbalek ez du hori egingo —oihu egin nuen.

—Horrek ere emango du amore —esan zuen Karimek—, zer uste duzue? Ez pentsatu berezia denik. Bai, badirudi eduki dituen ugazaba guztiekin errebelde samarra izan dela. Entzun diot Hussaini hori esaten. Horregatik saltzen dute beti, nahiz eta hain langile ona izan. Baina Hussainek badaki zer egin.

—Iqbalek ez du amore emango —errepikatu nuen—, eta lagundu egin behar diogu.

Adostasun murmurioren batzuk entzun ziren.

—Lagundu? —murmurikatu zuen Karimek—. Haren erruz afaririk gabe geratu gara.

—Zu isilik, berdin jan duzu eta —aurpegiratu zion Salmanek—. Nik ogia gorde dut.

—Eta nik ura —esan nuen—, goazen.

—Erotuta zaudete —egin zuen oihu Karimek—, debekatu egiten dizuet. Ugazabak harrapatzen bazaituzte, gero niri botako dit errua...

—Zu isilik! —esan zion Salmanek tinko.

Lantegiko ateraino hurbildu ginen kontu handiz. Gauero Hussain Khanek kate zahar batekin ixten zuen, hiru buelta emanaz. Alferrik, nire ustez: nora ihes egin ahalko genuen? Baina orain ez genekien nola irten.

—Berak badauka giltza —esan zuen Salmenek Karim seinalatuz—, ireki, azkar.

—Ezta pentsatu ere!

—Gauza bat egingo dugu: zuk zabaldu eta gurekin etorriko zara. Ugazabak harrapatzen bagaitu, ihes egiten saiatu garela eta gu harrapatzera atzetik zentozela esango duzu. Baina laguntzen ez badiguzu, benetan diotsut...

Egia da Karim handiagoa zela, baina mutiko argala eta meharra zen eta sekula ez zen oso adoretsua izan; Salman, aldiz, idisko bat bezain sendoa zen eta beldurra zioten denek.

Karimek buruan hazka egin zuen, hanka baten gainean jarri, gero bestearen gainean, ingurura begiratu zuen laguntza eske, baina ez zuen aurkitu. Lurrera txistu bota eta esan zuen:

—Demonio zuekin!

Galtzen hondoan burdinazko giltza bilatu, sudurrari gora egin, oraindik antzerki pixka bat gehiago egin eta gero zabaldu egin zuen.

Gaueko hamabiak pasatu berriak ziren kanpora atera ginenean. Ilargirik ez zegoen, zerua beltz eta garbi zegoen, udan, nire herrialdean, gutxitan egoten baitira lainoak zeruan, eta aire izpi bat besterik ez zen sentitzen zuhaitzetako hostoak mugitzen. Une batez atarian geratu ginen, aurpegiko izerdia xukatzeko.

«Auskalo nola egongo den hor azpian!», pentsatu eta hotzikara bat sentitu nuen, beldurragatik.

Putzuaren ertzeraino lauoinkan joan ginen ni, Salman eta Ali txikia, setakeriaz jarraitu nahi izan baitzigun. Ugazabaren etxea ilun eta mehatxagarri zegoen. Bagenekien Hussain Khanek idiena bezain lo sakona zeukala, gau batzuetan zurrungaka entzuten genuen, ekaitz-trumoiak eginaz. Baina ugazaba-andreak, aldiz, edozein zarata entzuten zuen, baita arinena ere, baita gau-hegazti baten hegoena ere. Behin baino gehiagotan ikusi genuen ilunpetan bueltaka, batan bilduta, itxura beldurgarriarekin marmarka, patioko zokoak miatzen.

—Eta harrapatzen bagaituzte?

Putzu ertzetik, bi jauzitan, Hussainen furgonetaren babesa bilatu genuen. Gasolina eta olio errearen usaina zerion. Baina handik Hilobirako eskaileratara ematen zuen burdinazko atera iristeko, patio zati luze bat pasatu beharra zegoen, etxeko leihoaren azpitik, inolako babesik gabe. Ezinezkoa iruditzen zitzaidan ugazaba-andrea esnatu gabe gurutzatzea. Seguru nengoen edozein momentutan han aurkituko genuela, zutik, pizti basati bat bezala leihoko gortinaren atzean ezkutatuta, guk pauso bakar bat noiz emango zain.

Une batez, baina une bakar batez pentsatu nuen: «Agian hobe dugu atzera itzultzea», baina berehala lotsa sentitu nuen. Salmanen aurpegi zuldartsua begiratzeko jiratu nintzen: agian gauza bera pentsatzen zegoen, baina bazekien berak joan behar zuela lehenengo. Azken batean ni neskato bat nintzen, ez? Eta Ali txikiegia zen.

—Banoa —murmurikatu zuen, hiru aldiz listua irentsi ondoren.

Ukalondo eta belaunen gainean lauoinkan ibiltzen hasi zen, ogia biltzeko egin zuen fardela haginen artean estutuaz. Motela zen, demontre, eta gero ipurdi irten hura zeukan, edonork ikus zezakeena, baita ilunpetan ere, hainbat kilometrotara, eta harriak mugitzen jarraitzen zuen, zarata ikaragarria ari zen egiten eta... Ilunpetan desagertu zen... Isiltasun une laburretan, zurrunga eta zurrunga artean dunba-dunba pare bat eta gero txistu soinu arin bat entzun zen.

—Tira —esan nion Aliri.

Katutxo bat bezain azkar eta arin, une batean iritsi zen.

Beste txistu soinu bat.

«Ongi —pentsatu nuen—, orain nire txanda da».

Patio zabalera atera nintzen, ahul eta hauskor sentitzen nintzelarik. Arrastaka joan behar nuen eta, aldi berean, esku bakarrarekin ur botilari eutsi, pauso bakoitzean eror ez zedin saiatuz. Bi metro, agian hiru. Zorua harri zorrotzez estalia zegoen, eta belaunak ebakitzen zizkidaten. Otso ahoa bezain ilun zegoen. Edozein gauzak izugarrizko zarata egiten zuen: nire soinekoak, lurraren kontra igurztean; nire bihotzaren taupadak, ilunpetan burrunba eginez; nire arnasa gero eta estuagoak.

Logelako leiho azpi-azpian nengoen. Lurraren kontra ahalik eta gehien makurtu nintzen, urari eusteko ezkerreko eskua bakarrik altxaturik nuela.

Sekula ez nintzen ailegatzen. Harrapatuko ninduten, nik ere Hilobian amaituko nuen, luhartz eta suge artean, seguru nengoelako sugeak ere bazeudela, Salmanek bestela esaten bazuen ere.

Salman eta Aliren kontra kolpea hartu nuen, haiek burdinazko atearen kontra bizkarra zutela eserita nire zain zeudelarik.

—Kostatu zaizu, gero!

—Zu bai ibili zara azkar!

—Non da Karim?

Ingurura begiratu genuen.

—Karim! —saiatu ginen xuxurlatzen—, Karim!

Eta Karim ailegatu zen. Haren irudi zuriz jantzia ikusi genuen, garaia eta oso argala, ilunpetan une batez gure aldera agertzen, mamu bat bezala. Normal zebilen, mantso eta lasai, eskuak galtzen patriketan sartuak zituela. Txistuka hastea besterik ez zitzaion falta. Bazirudien sultanaren lorategian paseoan zebilela. Guregana ailegatuta, harrituta begiratu zigun:

—Ez zen beharrezkoa horrenbeste komeria!

—Makurtu zaitez, memeloa!

Burdinazko atea gogorra eta pisua zen, erroak herdoilduak eta sasitan trabatuak zituela. Saiatu ginen zabaltzen, baina apenas ez zen mugitzen.

—Tira, indar handiagoarekin!

Zentimetro batzuk mugitu zen, gero arra beteko zirrikitu bat ireki zen, eta Hilobiko kirats heze eta pisua gure sudurretaraino igo zen.

—Indar handiagoarekin!

Zarata beldurgarri bat atera zuen ateak jiratzean, gaua urratuz.

—Azkar!

Argia piztu zen.

Geldirik geratu ginen, paralizaturik, ehiztariak gauez ustekabean harrapatzen dituen harrapariak bezala. Hankak dardarka sentitu nituen, jakin gabe bertan geratu edo ahal bezala ihes egin.

—Ospa hemendik —garrasi egin zidan bakarren batek buru barruan—, alde!

Salmanen eskuak besotik heldu zidan:

—Ez mugitu! —murmurikatu zidan.

Logelako leihoa ireki zen. Argi lauki batek bete zuen leiho aurreko patio zatia. Norbaitek —ugazaba-andrea— burua atera eta alde guztietara begiratu zuen.

Ikusiko gintuen. Ezinezkoa zen gu ez ikustea.

—Esan dizut zarata bat entzun dudala, ez dut amets egin. Ume madarikatu horiek izango dira.

Gela barrutik marmar nahasi bat ailegatu zitzaigun.

—Zu! Zuk ez zenuke entzungo ezta kanoi bat ere. Ikustera noa.

Beste marmar bat, luzeagoa eta haserreagoa.

Ugazaba-andreak, bular parte osoa leihotik kanporantz aterata, gu geunden norabidean begiratu zuen haren begi makartsuekin. Han geunden, hogei metrora, egun argitan bezain ikusgarri, seguru nengoen, ipurtargi sorta bat landare-hesi baten gainean bezain ikusgarri. Begi haiek nire gainean sentitu nituen.

Baina ez gintuen ikusi. Ez dakit zergatik. Oraindik batera eta bestera begiratu zuen, marmar egin, leihoa zalapartan itxi eta argia itzali zuen.

Itxaron egin genuen. Betierekotasuna bezain luze iruditu zitzaidan tarte batez itxaron ere. Bihotz taupadak apur bat baretu egin ziren eta Hussain Khanen zurrungek lasaitu egin gintuzten. Eskailera aldapatsu eta irristakorretik behera bata bestearen atzetik jaitsi ginen. Airea gero eta pisuagoa eta arnasgaitzagoa zegoen. Berriro izerditan blai geunden. Itsumustuan ibili behar izan genuen, horma likatsu eta goroldioz estaliari heltzen saiatuz. Hankapean metal soinua entzun genuen, Hilobia ixten zuen sarea zen.

—Iqbal! —saiatu ginen poliki deitzen—, Iqbal!

Karimek bere galtzen barrutik pospolo-kaxa bat atera zuen. Pospoloen argi ahulari esker ikusi genuen: etzanda zegoen txokotik kostata zutitu eta guregana etorri zen. Ezpainak egarriagatik zartatuta zeuzkan eta begiak hain ahulak, non pospoloaren argiak ere min egiten zion.

Hilobi-zisterna zabala zen, baina baita baxua ere, hanka gainean jarrita eskuko hatz puntekin goiko sarea ukitzeraino. Iqbali ur botila pasatu nion. Irrikaz edan eta sobratu zitzaiona aurpegi oinazetuaren gainera bota zuen.

Zeinen gauza bitxia. Berak eztarria lehorregia zeukan guri hitz egin ahal izateko; eta guk, han egonik, mila gauza edukiko genituen kontatzeko eta ez genekien zer esan.

Ni hunkitua eta nahastua nengoen eta bihotza estutua neukan egoera hartan ikusteak eragiten zidan larritasunagatik. Eta lehen eguna bakarrik zen! Salman egonezinik zegoen. Karimek handik kasualitatez pasatu eta zerikusirik ez zuenaren itxurak egiten zituen.

Alik saretik barrena eskua hartu zion Iqbali:

—Eutsi gogor —esan zion—, orain zurekin gaude.

—Bai —esan nion nik—, gauero itzuliko gara.

—Beno —esan zion Salmanek—, onartu behar dut gibelak dituzula.

—Zakurraren putza itzuliko gara! —esan zuen Karimek—, nik ez dut arriskatu nahi.

—Eskerrik asko, lagunok —eskertu zigun Iqbalek. Ahotsa burdin haria bezala zeukan.

Noski, gauero itzuli ginen.

VIII

Iqbal handik hiru egunera atera zen Hilobitik. Patioa zeharkatzen ikusi genuenean hanken gainean nekez zebilen, gehiegizko argiagatik itsutua, besoak babaz eta intsektu ziztadaz beteak zeuzkan, eta guztiok erruki izugarria sentitu genuen baita aldi berean, harrotasun sentimendu handia ere. Garrasi egin, txalo jo, festa egin nahiko genuen, baina makur begiratzen zuten Hussainek begiek tentuz isilik egotera behartu gintuzten. Ugazabak atsedena hartzeko egun bat eta gau bat utzi zion, eta guk jakin-min handia geneukan arren, haren lo urduria errespetatu genuen. Txandak egin genituen bera zaintzeko eta minak zapi hotzekin sendatzeko, eta poztu ginen ikustean gure gau-bisitei esker, jatekoari, urari eta Alik lorategitik hartutako laranjei esker, laster sendatuko zela.

—Anaia —esan zion Salmanek, Iqbal azkenean jaiki eta jatera guregana etorri zenean—, indartsua izan zara, gero. Sekula inor ausartu gabe zegoen Hussain Khani antzeko zerbait egiten. Badakizu oraindik alfonbraren historiak nola tripak janarazten dizkion? Baina baita tentela ere izan zinen: zer irabazi duzu hala errebelatuta? Hiru egun Hilobian, hori da atera duzuna.

—Zuek ere arriskatu zarete gauez niri laguntzera etorriz —erantzun zion Iqbalek—, ugazabak aurkitu izan bazintuzte, zer lortuko zenuten?

—Berdin da —bota zion Salmanek—, zugatik egin dugu.

—Beno —esan zuen Iqbalek—, nik ere zuengatik egin dut nolabait, ez nigatik bakarrik.

—Zer esan nahi duzu? —galdetu nion.

—Esan nahi dut ez dela zuzena bizi garen bezala bizitzea. Gure familiekin itzuli behar dugula eta ez hemen egon, ehungailuari katez lotuta esklaboak bezala lanean.

—Nik ere itzuli nahi dut etxera —esan nion—, baina ezinezkoa da.

—Zergatik da ezinezkoa?

Zeren..., zeren... —lehertu zen Salman—, ugazaba gu baino indartsuagoa delako. Gauzak beti horrela izan direlako. Gutaz inor ez delako arduratzen.

—Aurkituko dugu lagunduko digun norbait. Hor kanpoan. Egongo da norbait.

Denok aho zabalik begiratu genion.

—Hor, kanpoan? Baina zer daukazu buruan?

—Ez dakit —esan zuen Iqbalek.

—Hilobian eguzkiak gehiegi jo dizu, anaia, —esan zion Salmanek bere buru handia astinduz—, hemen mundu guztia oso beldurtuta dago.

—Hori ez da egia —barrez Iqbalek—, zuk ez daukazu beldurrik. Ezta Fatimak ere. Ezta Alik ere.

—Nik ez diot inori beldurrik! —esan zuen seguru Alik nire gonaren atzean ezkutatuz.

—Baita Karimek ere hasieran baino beldur gutxiago dauka. Ezta egia?

—Ni ez nazazue zuen historia geldoan sar —esan zuen zizaka Karimek—, eta nik ez diot inori beldurrik, ezta gutxiago ere.

—Ezta Hussaini ere?

—Nik ez diot Hussaini beldurrik —segurtatu zuen Karimek—, errespetatu egiten dut, hori beste gauza bat da.

—Noski!

—Nire ustez, baita besteek ere beldur gutxiago daukate —esan zuen Iqbalek.

—Jarri ilaran! Azkar! —agindu zien Karimek, patioa zeharkatzen ari zen ugazaba-andrearen silueta ondo ezagunaz ohartzean.

Ondorengo hilabetean gauzak lehenago bezala joan ziren, bai itxuraz bederen. Egun guztiak berdin igarotzen ziren, udako beroa gero eta leunagoa zen, eta gauez tximistaren batek urratzen zuen zerua noizean behin, une batez dena argituz eta laster euri sasoia ailegatuko zela gogoraraziz. Umerik zaharrenetako bat gau batean joan egin zen ugazabarekin, eta gehiago ez genuen ikusi. Agian Husainek besteren bati salduko zion, edo auskalo. Baina ohituak geunden gure inguruko aurpegiak etengabe aldatzera eta ohituak geunden ere pena handiegia ez hartzera. Edo, bederen, horrelakorik ez erakustera.

Haren ordez beste bat etorri zen, mutiko luze-luze eta argal-argal bat, sorbalda-hezurrak oso irtenak zituena, eta saihets hezurrak banan-banan kontatzeko moduan zeuzkana. Berehala Zotza goitizena jarri genion. Bigarren egunean eskuan mina hartu zuen; Hussainek bendatu eta atsedenean utzi behar izan zuen, zerurantz aiene izugarriak boteaz hain inbertsio txarra atera izanagatik. Zotzari berehala erratza eman zioten eta lantegi, patio eta noizean behin ugazaben etxeko garbitasun orokorra egiteko agindu zioten. Egun osoan atzera eta aurrera ibiltzen zen, besoa lepotik zintzilik, eta hauts gehiago harrotzen zuen biltzen zuena baino. Berehala gure mezu sekretuetarako postaria bilakatu zen.

Geroago, guztiok beherakoa harrapatu eta oihal atzeko Txokoa nahi baino gehiagotan erabili beharrean ibili ginen.

Gainerantzean, ezer berezirik ez.

Alabaina, orain pentsatzen jarrita, bazegoen zerbait desberdina, nahiz eta momentuan ez konturatu. Zaila da azaltzea. Lantegi barruko giroa nolabait aldatua egon izan balitz bezala zen. Beti bezala egiten genuen lan, Hussainen gehiegikeriak jasaten genituen, beti bezala. Gauero ikusten genuen ugazaba trapu batekin bakoitzaren arbeleko marra bat ezabatzen eta marrek beti berdin jarraitzen zuten, beti gehiegi, betiko moduan.

Eta aldiz... inork ez zuen lan egiten lehenago bezala: jateko atsedenaren ondoren ahalik eta mantsoen sartzen ginen berriro lantegian, hankak arrastatuz eta kexatuz. Arratsaldeko ordu amaigabeetan distraitu egiten ginen, kontu kontari aritzen ginen edo geure artean barrez, eta Hussain Khanen garrasi eta mehatxuek itxurazko lasaitasuna ekartzen zuten, ederki kostata halere; Zotza batetik bestera ibiltzen zen, hauts-lainoak harrotuz eta gure arteko nahasmena areagotuz.

Egun batean Mohammad menditar totelaren ehungailua hautsi egin zen, eta nahiz eta Hussain Khan benetako sabotajea bat izan zela seguru egon, ez zuen aurkitu horretaz salatzeko proba bakar bat ere eta ezin izan zuen aste beterako Hilobian usteltzera sartu. Beste ehungailu bati bobinak nahaspilatu zitzaizkion eta orduak behar izan ziren hura berriz martxan jartzeko.

Iqbal berriro lasaitasunera itzuli zen. Ebaki zuen alfonbra berriz egiteko agindu zion ugazabak, eta Iqbal serio eta zuzen, trebe eta bizkor ari zen lanean, ezer gertatu izan ez balitz bezala. Hussain Khanek etengabe zeukan begipean, baina horren itxurak egin gabe. Lantegitik paseatzen zen, kopetilun, eskuak bizkar atzean, eta tarteka kolpean jiratzen zen Iqbal zertan ari zen ikusteko. Hussainek urduri zirudien, bazirudien orain berak ere beldurra zuela. Eta Iqbalen alfonbra zenbat eta gehiago hazi, orduan eta urduriago eta suminkorrago jartzen zen bera. Baina Iqbali ez zion ezer esaten, ez hitzik, ezta purrustadarik ere.

Labur esanda: giro arraroa zegoen.

—Hussain nik berriro alfonbra apurtuko ote dudan beldur da —azaldu zigun Iqbalek—, beretzat kalte handia litzateke.

—Baina zuk ez duzu horrelako tentelkeriarik egingo, ezta? —galdetu nion larriturik.

—O, ez! Ez dut horrelakorik egitea pentsatzen —segurtatu zidan.

Ordurako gure gau-topaketak ohikoak bihurtuak ziren. Ez genuen itxaroten ezta ugazaben etxeko argiak itzali arte ere. Hussainek kate zaharra lotu eta haren pausoak patioa zeharkatzen sentitu orduko, kamainetatik atera eta biribilean jartzen ginen. Ohiko taldera bildu zen Zotza, tipo bitxia eta dibertigarria, eta tarteka beste umeren batzuk ere etortzen ziren.

—Denok egin beharko genuke ihes —proposatzen zuen Zotzak— imajinatzen ugazabaren aurpegia? Nik ezin dut eraman, lehenago neukana baino gaiztoagoa da ia. Lapur talde bat osatu eta hirira ailegatzen diren kamioiak asaltatuko ditugu.

—Zergatik kamioiak?

—Jateko gauza mordoa ekartzen dutelako.

—Bai zera —zioen Mohammadek, beti bezala hitzetan trabatuz—, mendira, nire herri aldera egin behar dugu ihes. Ugazabak han ez gintuzke sekula aurkituko.

—Bai, eta zu nola aurkitu zintuen.

—Zoritxarragatik. malchance

Barrena husten genuen. Dibertigarria zen. Baina bagenekien ez zela ezer aldatuko. Gure artean arau argi bat zegoen, eta lanpostu batera lanera eramaten zintuztenean beste askoren artean ikasten zen lehenengo araua zen: sekula ez hitz egin etorkizunaz. Gutariko inor ez zen ausartzen esatera: «datorren udan» edo «urte bete barru», edo «handia egiten naizenean». Bai, hitz egiten genuen zorra ordaintzen amaituko genuen egunaz, indar guztiak agortu arte hitz egin ere. Baina gutariko inork ez zuen benetan sinesten. Lelo baten antzera zen. Geure buruak lasai egonarazteko modu bat zen. Bestela, zer geratzen zitzaigun?

Iqbal izan zen zorra sekula ez zela kitatzen guztioi argi eta garbi esateko adorea izan zuen lehena. Eta etorkizunaz hitz egiten zuen bakarra zen.

Gogoan dut gau hura. Udazkena hasi berria zen eta lantegiko plastikozko sabaiaren gainean euriaren zarata entzuten zen. Gu biok ginen beti lotaratzen azkenak, gustatzen zitzaigun bakarrik elkarri konpainia egiten geratzea eta beste minutu batzuk kontutan pasatzea.

—Fatima, —esan zidan Iqbalen ahotsak ilunpetan—, datorren udaberrian biok kometarekin jolastera joango gara. Gogoratu hori, edozein gauza gertatzen dela ere.

Nik ez nion ezer esan, zer esan niezaiokeen?

Konturatzen nintzen beste tentelkeriaren bat egitera zihoala eta ez nuela galaraztea lortuko.

Ahal izan nuen gauzarik zozoena esan nion:

—Ibili kontuz!

Hurrengo gauean, ekaitza zegoen bitartean, Iqbal egunsentia baino apur bat lehenago jaiki, eraikineko atzeko partean zegoen oihal zikinaren atzeko leiho estutik auskalo nola atera, Hussain Khanen eta auzokoaren lorategiak korrika zeharkatu, horma baten gainetik jauzi egin, bi baratze zapaldu –goizean haren oin aztarna arinak aurkitu zituzten bertan–, kalera irten eta desagertu egin zen.

iqbal s'enfuit la nuit

IX

Bi egunetan ez genuen haren arrastorik izan. Ihesaldia deskubritu eta berehala, Hussainek familiakoak eta lagunak antolatu, beraien *Toyota* furgonetetara igo eta Iqbalen bila atera ziren, maldizioka eta pneumatikoak kaleko lokatzatan irristaraziz. Egun osoa larritasun batean igaro genuen. Une oro patioko burdin aterantz begiratzen genuen. Iluntzean itzuli zen Hussain, bekozko ilunez, urez blai eta botak lokaztuta zituela. Lantegian sartu zen, denok buruak makurtuta geure ehungailuetan geundela.

—Hemendik aurrera —esan zuen—, guztiok egunero ordu bat gehiago sartuko duzue lanean. Egunero.

Bere eskuekin jarri zuen bainuko leiho gainean burdin sare bat eta Karimi ateko giltza kendu zion.

—Zurekin gero egingo ditut kontuak —mehatxatu zuen—. Karim erabat izututa zegoen.

Guk pentsatu genuen: «Agian lortu egin du»

Hussain hurrengo egunean ere atera zen, baina *muezin*ak eguerdiko otoitzerako deia egin baino lehenagorako itzuli, etxean sartu eta ez zen atera.

Lanean ari nintzela Iqbalengan pentsatzen nuen, agian lortu zuela bere etxera itzuli eta gurasoak besarkatzea. Baina seguru ugazaba hara joango zela bila eta gurasoak mehatxatuko zituela kartzelara bidaltzearekin zeukaten zorragatik, itzultzen ez bazioten. Agian artean hirian egongo zen, nonbait ezkutatuta: non egingo ote zuen lo? Zer jango ote zuen?

«Mutil abila da —nioen nire baitarako—, moldatuko da».

Gero, haren promesaz gogoratu nintzen: «Udaberrian biok kometarekin jolastera joango gara».

Hainbeste nahiko nuen egia izatea, baina ez nuen ilusiorik egiten.

Maria txikiarekin hitz egiten nuen, bera ulertzeko eta erantzuteko gauza balitz bezala, agian baita kontsolatzeko ere.

—Maria, ba al dakizu zer den kometa? Ez zara sekula jolastu?

Berak, noski, ez zuen erantzuten.

—Ederra da, badakizu? Zu lasterka zoaz eta kometa gero eta gorago doa zeruan, batzuetan lainoak ukitzera eta guzti ailegatzen da eta jauzi eta brinko egiten du, haizeak eramanda. Baina adi egon behar duzu: hariak ongi zaindu behar dituzu. Galtzen badituzu, akabo, bukatu da. Niri behin gertatu zitzaidan. Txikiegia eta ezjakina nintzen. Izugarrizko disgustua eraman nuen, eta gero negar eta guzti egin nuen. Baina hasieran, gora, gero eta gorago zeruan desagertzeraino gorago ikustea ez zen itsusia izan. Pentsatu nuen: «Auskalo non bukatuko duen, neuk ere joan nahiko nuke berarekin».

Gau hartan amets gaiztoak izan nituen, noizean behin izpirituek hanketatik tira egin eta esnarazi egiten ninduten. Hirugarren eguneko goizean, ehungailuetan apenas lanean hasita geundela, Hussainen auzoko bat sartu zen presaka gure patioan, ugazaba aparte hartu eta keinu eginez eta eskuak astinduz hitz egin zion. Izutua zirudien.

Hussain eta ugazaba-andrea lantegian sartu ziren, dena zegoen bezala uzteko agindu ziguten eta bultzaka patioa zeharkarazi ziguten, oihu eginez: «Azkar! Azkar!». Hilobira ematen zuen burdinazko ate herdoildua zabaldu eta eskaileretan denok pilarazi gintuzten.

—Gera zaitezte hemen —agindu zigun Hussainek—, eta ezta txintik ere gero!

Norbait sarreran ate joka ari zen. Eskaileren erdian nengoen harrapatua.

—Zer gertatzen da? —galdetu nien aurrekoei.

—Ezin dut ongi ikusi —erantzun zuen bakarren batek—, baina orain ugazaba zabaltzera joan da... jendea dago... badirudi... polizia bat! Bi polizia dira... eta baita Iqbal ere beraiekin!

Bultzaka lehen eskailera-mailaraino joan nintzen, begi bat ate zaharreko zulo herdoiltsu baten kontra jarri eta ikusi nuen egia zela: bi polizia ziren, lodiak, koipetsuak eta bibote beltz izugarri handiak zeuzkaten. Uniformea maiztua eta zikina zeramaten, tripa galtzen gerri gainetik erortzen zitzaien; baina poliziak ziren hala ere. Haien erdian zegoen Iqbal.

Hussainek errespetuzko jarrera azaltzen zuen, burua apur bat makurtuaz, eta eskuak igurzten zituen. Bere ondoan ugazaba-andreak, zeraman mantalaren ertz bat bihurritzen zuen.

Iqbal ikusi nuen beso bat jaso eta hatzarekin lantegia seinalatzen. Poliziek patioa zeharkatu zuten, oso patxadaz eta putzuak ez zapaltzeko ahaleginduz, barrurantz apur bat sartu, begirada bat bota, elkarri zerbait galdetu eta Hussaini zerbait galdetu zioten. Hura oso azkar hitz egiten hasi zen, beti umil itxurarekin eta tarteka emaztearengana jiratzen zen, esaten ari zen guztiaren egiaztapena eskatuz bezala.

—Zer ari da gertatzen? —galdetzen zuten atzean zeuden beste umeek.

—Ez dakit, ez dut entzuten esaten ari direna —erantzun nien—, baina nik uste Iqbalek ugazaba salatu egin duela.

—Salatu egin duela?

—Zer esan nahi duzu, orain kartzelara eramango dutela?

—Zaudete isilik!

Hussain orain beroago ari zen bere jardunean eta eskuekin keinu handiak egiten zituen. Poliziek aspertuta zirudien. Bietako batek begirada azkar bat bota zion sakelako erloju zahar bati. Hussainek Iqbali eskutik heldu eta beraganantza egin zion tira. Iqbal eusten saiatu zen. Hussainek ile gainean laztan zatar antzeko bat egin zion, berriro poliziei beste zerbait esan, Iqbal emaztearen eskuetan utzi eta etxera eramateko keinua egin zion.

—Ez! —egin zuen garrasi Iqbalek—, ez!

Eta ondoren beste zerbait ere esan zuen, trumoi baten eztandarekin batera, eta horregatik entzun ez nuena.

—Zer ari da gertatzen? —galdetzen zuten barrutik—, Fatima, zer ari da gertatzen?

—Iqbal berriro Hussainen eskuetan utzi dute.

—Baina nola, ez al dute atxilotu?

Iqbal garrasika ikusten nuen, garrasika eta ugazaba-andrearen eskuetatik alde egin nahian, etxe barruan desagertu ziren arte.

Euri zaparrada ikaragarri bat hasi zen. Poliziek presa zeukaten. Nire atzean ahots mordoa ari zen zarataka, baina ia ez nuen entzuten, sinistu ezinik begien aurrean ikusten ari nintzena.

Hussainek esku bat gerri gaineko gerrikora eraman zuen, diru-billete pakete lodi bat atera eta mordo bat kontatu ondoren lehen poliziari eman zion, ondoren beste txikiago bat kontatu eta bigarrenari eman zion. Haiek, kontentu, beraien adostasuna adierazi, biboteak igurtzi, dirua patrikan gorde eta euripean alde egin zuten.

Behean, eskailera ilunean, denok mutu geunden. Iqbalek garrasika jarraitzen zuen ugazaben etxe barruan, baina ez zuen ezertarako balio.

Sekula amaitzen ez den amets beldurgarri batean bizitzea bezala zen. Eguneroko gauzak egiten nituen, baina ia konturatu gabe. Jaiki, pisa egin (nire leihotxoa betiko itxia zegoen, eta edozelan ez neukan gehiago jauzi egiteko gogorik), jan, lana, lana eta lana oheratzeko ordua ailegatzen zen arte. Negar pixka bat egiten nuen, Iqbal berriro han behean sartua zegoela gogoratuz, lo sakona hartzen nuen, bat-batean esnatu eta denak berdin jarraitzen zuen: artean euriak jarraitzen zuen, txapazko teilatua kolpatzen eta bazter guztietatik sartzen, preso jarraitzen nuen, Iqbalek Hilobian jarraitzen zuen eta oraingoan ezin ginen gauez atera haren sufrimendua arintzera.

«Hilko da» —pentsatzen nuen.

Poliziak etorri zirenetik ordu gutxira, Hussain Khan negozio bidaia baterako irten zen. Gu guztion aurrean Karim deitu eta esan zion:

—Itzultzean, denen lana neurtuko dut. Zure ardurapean uzten dut. Zeuk izango duzu erantzukizuna produzitu dutenagatik.

—Bai, jauna! Bai, jauna! —errepikatzen zuen Karimek.

—Eta behean dagoen hori...

—Bai?

—Utzi bertan.

—Bai, jauna!

Karim beldurrak jota zegoen, eta ez zigun atsedena hartzen ere uzten, ez zigun uzten batere distraitzen.

—Izorratu nahi nauzue zuek —errepikatzen zuen—, baina ez dizuet utziko. Segi lanean! Segi lanean!

Denboraren zentzua galdu nuen. Zenbat egun igaro ziren: lau?, bost?, sei?

Iqbalek behean jarraitzen zuen.

—Hilko da, seguru.

Gauez ez ginen elkartzen hitz egiteko. Inork ez zuen gogorik, eta gainera, zertarako? Iqbal iritsi baino lehenago etsipenez onartzen nuen bizimodu hura, bestelakorik ere bazegoenik ez bainuen imajinatu ere egiten. Iqbalek itxaropena berpiztu zuen guregan. Eta orain etsipena handiegia zen. Berak jada ezingo zuen ezer egin, eta gutako inork ez zuen kemenik Hussaini berriro aurre egiteko.

«Hilko da» –pentsatzen nuen– eta ni orduan are bakarrago egongo naiz».

Hussain Khan ostiralean itzuli zen, guk ez beste guztiek atsedena hartzen zuten egun santuan. Arropak aldatu, eta auzokoak agurtu zituen, bere bila etorri baitziren bidaia eta negozioak zer moduz joan zitzaizkion jakitera. Lantegiko atetik begiratu, zakar jakinarazi zion Karimi bazkaldu ondoren neurtuko zuela egun haietako gure lana, eta bazkaltzera joan zen.

Guri ez zigun eman ezta ohiko atsedenaldia ere.

—Aurrera jarraitu behar duzue zuen lanean —egiten zuen garrasi Karimek, izerditan eta bere onetik aterata—, bestela ugazabak niri eskatuko dizkit kontuak.

Lana egin eta saiatzen nintzen gosearen horzkadak ez sentitzen. Ugazaben etxetik, ahari min gisatuaren usain sarkorra ailegatzen zen. Bi edo hiru aldiz nengoen janda. Nire herrixkan, emakumeek, jai egun bereziren batzuetan prestatzen zuten, adibidez Choti Eid egunean, eta mingaina eta eztarria erretzen ez bazituen gizonei ez zitzaien gustatzen. Haragi gozoa zen, zapore handikoa.

«Egin lan».

Eta behar bada gozokiak ere bazituzten, buñueloak gaztanberarekin. Azukre ilunarekin estaliak, eta baita kanelarekin ere.

«Egin lan».

Gose nintzen, nekatuta nengoen, desesperatuta.

Ugazaba hagin arteak txotx batekin arakatuz etorri zen. Gu lanari utzi eta zutik jarri ginen bakoitza geure ehungailuaren aldamenean. Hussain Khanek giltzurrunak igurtzi zituen; jostun metroa hartu zuen, baita orri bat ere, non jasoak zeuzkan berak alde egin aurretik bakoitzak eginda geneukan lanaren neurriak, eta patxada handiz neurtzeari ekin zion. Ondoren arbela hartu eta erabakitzen zuen: hiru marra gutxiago, lau marra gutxiago, ezta marra bat ere, lana gaizki eginda zegoelako.

Inor ez zen kexatzera ausartzen.

Ugazabak mantso jarraitu zuen bere kontuak egiten, eta Karimek orpoz orpo jarraitzen zion hezurraren zain dagoen txakur bat bailitzan. Epaiaren ondoren, guztiok makurtzen genuen burua etsipenez.

Salman, marra bat bakarrik ezabatuta. Ali («Oso gaizki dago!») ezta marra bat bera ere, eta Ali txikiak ezin eutsi izan zien malkoei. Mohammad: hiru marra, eta hark lasaitasun-txistu bat jo zuen. Ia nire txanda zen. Maria...

Hussain Khan Maria txikiaren ehungailu aurrean geratu zen, begiak zuri jarri, begiradarekin Karim zeharkatu zuen: gizajoak ez zuen ezer ulertzen eta negar-murria egiten zuen izuaren izuz.

—Eta hau zer da? —orro egin zuen Hussain Khanek.

—Nik... ez dakit... ugazaba... nik... —Karimek zezelka.

Denok hurbildu ginen ikustera: ezerk ezin galaraziko zigun.

Mariari uzten genizkion beti lanik errazenak, inolako trebetasun berezirik esijitzen ez zuten alfonbrak, marrazki geometriko sinple-sinpleak zeuzkatenak. Ez zen indartsua, eta are gutxiago ernea, zeukan gorraizearengatik edo dena delakoarengatik izango zen. Hussain Khanek beti esaten zuen karitatearengatik zeukala berekin, baina hori ez zen egia: baita berak ere egiten zuen bere lana.

Mariaren ehungailu aurrean pilatu ginen. Egun guzti haietan, aprobetxatuz inork ez zuela zaintzen eta baita Karim ere neska egon izan ez balitz bezala portatu zenez gero, neskatoak bere alfonbraren marrazkia aldatu egin zuen. Oraingoan, bilbearen erdian, marra hori eta gorriz osaturiko dekorazio oso sinple baten ordez, marrazki bat gailentzen zen.

Kometa bat zen.

Kometa handi bat, zuria; isatsetik hainbat zintzilikario lotuta zituen, haizearekin mugitzen zirela ziruditenak, eta hari mehe-mehe bat, beherantz jaisten zena, eta inguru guztian mantxa urdin batzuk zituen, lainoak zirenak. Zoragarria zen.

Maria zutik zegoen bere marrazkiaren ondoan. Are txikiagoa, argaltxoagoa eta defentsa gabeagoa zirudien. Hussain Khan aho zabalik zegoen. Zerbait esan nahi izan zuen eta ez zitzaion atera. Karimi begiratu zion. Gu guztioi begiratu zigun. Atetik kanpora begiratu zuen ugazaba-andrearen laguntza bilatu nahirik bezala.

«Orain amorruz lehertuko da» pentsatu genuen guztiok.

Hussain Khanek esaten zekien gauza bakarra esan zuen, ahots burrunbariarekin:

—Hilobira! Zu ere hilobira!

Senez bezala, denok haren ondora bildu ginen. Maria ahulegia eta delikatuegia zen Hilobian baita egun bakar bat ere irauteko, eta hori bazekien baita Hussainek ere.

—Hilobira! —errepikatu zuen, baina ez zirudien erabat seguru.

«Egin ezazue zerbait —oihukatu nuen buru barruan—, arren, norbaitek zerbait egin dezala».

Hussainek Mariaganantz luzatu zuen atzaparra. Begi ertzarekin Salman ikusi nuen, beste umeen artetik ukalondoka lehen ilaran jartzen.

—Hau bidaltzen baduzu —esan zuen ahotsari tinko eusten saiatuz—, bidal nazazu ni ere.

—Zer? Zer?

—Esan dudana: zigortu ni ere.

Nahiz eta aurpegiko larruazala pikatua eta eskuak lixa papera bezain lakarrak eduki, Salman une haietan izugarri ederra iruditu zitzaidan.

—Zer demontre gero —esan zuen Mohammadek, eta berehala hunkitu eta hitzetan trabatzen hasi zen—, eta n... n... n...

—Tira! —adoretu genuen atzetik.

—N... neu ere bidal nazazu —amaitu zuen nekez.

Ingurura pozik begiratu zuen, ez dakit nolako diskurtsoa bota izan balu bezala; buruan hazka egin eta lurrera txistu bota zuen Karimek beti egiten zuen bezala, baina, egia esan, ez zitzaion txistu zipitzik ere atera.

Une bat geroago denok geunden eskua jasota eta oihuka:

—Neu ere bidal nazazu! Neu ere bidal nazazu!

Ali txikia ere garrasika ari zen, beti bezala nire gona atzean babestuta.

Hussain Khan zurbil zegoen. Batera eta bestera mugitu zen, zer egin jakin gabe. Gure ahotsak estali nahi izan zituen, baina ezin izan zuen. Garbi zegoen une hartan gorroto gintuela eta denok hilda ikustea nahiko gintuzkeela. Baina bera ere konturatzen zen hori ezinezkoa zela.

Eta azkenean alde egin zuen. Gure begiek ezin zuten sinistu. Hussain Khanek ihes egin zuen alferrikako mehatxuak marmartuz, gure garrasi eta aho-puzkarren artean. Karim harekin batera desagertu zen.

Ordubete geroago Iqbal berriro ere gure artean zegoen, sei egun Hilobian pasa ondoren. Leher eginda, oso zurbil, oso gose, baina bizirik.

X

—Hirira ailegatu nintzen —kontatu zigun Iqbalek—, justu eguna argitzen hastearekin batera. Zerua grisa zegoen, euria ari zuen, alde guztietan putzu handiak zeuden eta ez nekien nora joan. Apur batean noraezean ibili nintzen: auzo batean etxe guztiak oso garaiak ziren, denak berdin-berdinak; beste batzuetan, aldiz, pusketaka erortzen diren etxe zaharrak besterik ez dago, bata bestearen gainean eraikiak, eta han ez zebilen kanpoan ia inor, goizegi zelako. Halako batean errepide bat aurkitu nuen, oso luzea eta zabala, hiritik irteten zena, eta pentsatu nuen: «Agian etxera, landara, familiarengana ailegatu ahalko nintzateke». Ezkuta nintekeen eta kamioi baten gainean, nolabait irteten saiatu. Egitekotan egon nintzen. Gero pentsatu nuen segur aski Hussain Khan nire gurasoen etxera joango zela bila eta behartu egingo zituela ni berriro berari uztera. Ama seguru kontra azalduko litzatekeela, baina aita, gizon zuzena da, legearekin errespetuzkoa, eta zorretan dagoenez gero, ezingo lioke ezetz esan. Beraz, azokako plaza bilatu nuen. Izugarri handia da, badakizue? Ezin duzue ezta imajinatu ere egin. Ehunka postu daude, egurrezkoak, bata bestearen ondoan, kaxa pilatuak eta esterak, bakoitzak bere produktuak erakusteko, eta euria ari zuen arren, merkatariak lanean zeuden. Fruta mendiak; probintziatik ailegatzen diren barazki kamioiak; kolore guztietako espeziaz beteriko saskiak, plastikoekin estaliak; gero harakinen postuak daude: haragia eulietatik babesteko paper zerrenda itsaskorrak erabiltzen dituzte. Eta badaude beste batzuk, besterik gabe gauzak lurrean jarri eta denetik saltzen dutenak: gauza zaharrak eta bitxiak, baita iltze oker eta herdoilduak ere.

—Ez da izango!

—Baietz. Ez dakidana da inork erosiko ote dituen. Ondoren beste postu batzuk daude, benetako dendak dirudítenak, eta irrati eta kaseteak dauzkate, irratietan sartu eta musika ematen dutenak.

—Badakit, —esan zuen Karimek jakintsu itxurarekin.

—Eta beste kasete batzuk, diotenez, irudiak ikusteko.

—Hori ez dut ezagutzen —aitortu zuen Karimek.

—Orduak pasatu nituen handik bueltaka. Gero eta jende gehiago zebilen handik eta gero eta nahaspila handiagoa zegoen. Pentsatu nuen jendetzaren artean nahastuz zailagoa izango zela Hussain Khanek aurkitzea. Ikuskizunak ere bazeuden. Malabarista bat ikusi nuen. Baita suge liluratzaile bat ere!

—Ez dago suge liluratzailerik.

—Egongo ez da ba!

—Eta sugeak musikaren erritmoan egiten al zuen dantza?

—Ez zehazki. Baina saskitik atera zen, suge lodi bat zen mutur zabal eta begirada gaiztokoa, eta gizonak eskuekin hartu zuen.

—Esku hutsekin?

—Bai. Eta alde guztietan jatekoa ikusten zen salgai: zartaginak *samosa* edo *shami kebab*-a frijitzeko, badakizue, dilista eta ahari frijituak. *Basmati* arroz eta *tandoori* oilaskoz beteriko eltze handiak. Txingarretan erretako haragi eta barazki pintxoak. Nolako usaina! Eta ni gose nintzen.

—Eta zer egin zenuen orduan?

—Lana. Han ere badaude, badakizue?

—Zer?

—Lana egiten duten umeak. Azoka osoan beraiek dira kamioiak deskargatu eta kaxak garraiatzen dituztenak, batzuk oso astunak, besoak hausteko modukoak. Zu joaten zara merkatari batengana eta esaten diozu: «Niretzako lanik ba al daukazu, jauna?» Eta berak erantzuten dizu: «Ekar iezadazu karga hura eta rupia bat emango dizut». Hori egin nuen nik ere. Baina beste umeak zeuden, eta ez zidaten lana egiten utzi nahi. Zera esaten zidaten: «Alde hemendik, zu, nor zara? Nondik zatoz? Leku hau gurea da. Lana gurea da». Beldur nintzen niregana erakarriko zutela arreta. Seguru Hussain Khan han inguruetatik zebilela nire bila. Eta hau erantzuten nien: «Utzi niri bakean». Eta beste nonbait saiatzen nintzen. Azkenean harakin bat aurkitu nuen, ahari laurdenez kargatutako kamioi oso bat hutsarazi zidana. Zaku bat eman zidan buru eta sorbalda gainetik jarri eta odolez ez zikintzeko, eta hori niri komeni zitzaidan, zakupean Hussainek ezingo ninduelako ezagutu. Une batean jende artean ikusi nuela ere iruditu zitzaidan.

—Baina zuk zer egitea pentsatzen zenuen?

—Ez nekien. Egun batzuk han, azokan ezkutatuta pasatu eta gero zerbait aurkituko nuen. Arratsaldean berandu arte lan egin, eta harakinak emandako rupiarekin jan nuen. Euria atertuta eguzki ahul bat ari zen ateratzen. Horma baten kontra eseri nintzen atsedena hartzeko. Beste bi mutiko inguratu zitzaizkidan, ni baino zaharragoak. Zigarroak erre eta modu bitxian hitz egiten zuten. «Berria al zara?, galdetu zidaten. «Bai». «Nondik zatoz?». «Landatik», gezurra esan nien. «Lan bila al zabiltza? Azkarra bazara, badaukagu zerbait zuretzat».

—Eta zer proposatu zizuten?

—Ez nien ongi ulertu. Baina labana bat zeukaten, hori erakutsi zidaten. Nik: «Ez, eskerrik asko» esan nien. Baina beraiek behin eta berriz gauza bera esaten zidaten. Nik orduan galdetu nien: «Ba al dakizue non egin dezakedan lo?» Barrez hasi ziren: «Hemen, nahi duzun tokian. Postu bakoitza, gauez, ostatuko gela bat da. Baina adi egon zaitez, mutiko». «Zergatik?», galdetu nien. «Egon adi!». Beldurtu egin nahi ninduten. Bakarrik sentitzen nintzen, ez nekien zer egin ez nora joan. Zuek botatzen zintuztedan faltan. Pentsatu nuen: «Ihes egitea beste erokeria bat izan da». Azoka husten ari zen. Laster gaua izango zen. Malenkoniak, herriminak harrapatu ninduen. Ihes egin nuen norbaitek lagunduko zigulakoan niri eta zuei eta, aldiz, bakarrik nengoen.

—Orduan, zer egin zenuen?

—Autobus bat ikusi nuen heltzen, handi, koloretsu, argiz eta bozinaz betetako horietakoa. Gogoratzen, Fatima, nola esan nizun zenbat gustatuko zitzaidan bat hartzea?

—Gogoratzen naiz, bai?

Bada, igo eta hiritik barrena eraman ninduen, kontrolatzaileak ikusi eta irain artean jaistera behartu ninduen arte. Ondoren beste bat hartu nuen, eta gero beste bat. Azkenekoak zona ezezagun batean utzi ninduen, ia gaua zen eta gose nintzen. Paseoaren plazera amaitua zen. Atari babestu bat aurkitu eta lo hartu nuen, bil-bil eginda haizea ez sentitzeko. Goizean, atezainak, makilaka bota ninduen. Azoka aurkitu eta bi kamioikada sandia deskargatu nituen, beti ingurura adi, Hussain Khan agertzeko beldurrez. «Egun batzuetarako hemen geratuko naiz», pentsatzen nuen, «ugazaba ni bilatzeaz nekatuko da, eta gero etxera itzuli ahalko naiz». Baina ez nengoen seguru, beldur nintzen beti han bizi beharko nuela, kaleko txakur baten antzera. Gero, arratsaldean, gizon haiek ailegatu ziren.

—Zein gizon?

—Taldean ailegatu ziren, tartean bazegoen emakumeren bat ere, oholtza moduko bat jarri, aurrealdean pankarta bat eta hainbat kartel zintzilikatu zituzten. Noski, ez nekien han zer zegoen idatzia. Berehala jende piloa bildu zen bertara. Polizia ere ailegatu zen eta haien bueltan jarri ziren. «Laguntzeko» pentsatu nuen. Oholtza gainera gizon bat igo zen. Ikusi bezain azkar gustatu zitzaidan, ez dakit zergatik. Gizon zintzoa iruditu zitzaidan berehala. Bizar ederra zeukan, zorrotza, zaindua, eta alkandora zuri garbi bat. Mikrofono batetik hizketan jarri zen.

—Eta zer esaten zuen?

—Zera... Ongi gogoratzen ditut haren hitzak, halakorik sekula entzun gabe nengoelako. Zioen: «Ume Langileen Askatasunerako Frontekoak gara»

—Eta hori zer da?

—Ez dakit. Baina zioen lotsagarria eta basakeria dela umeok esplotatuak eta esklaboak bezala lana egitera behartuak egotea, ehungailuei katez lotuta edo adreilu labeetan. Ugazabak diruzaleak eta eskrupulorik gabeak direla esaten zuen.

—Seguru al zaude hori zioela?

—Seguru nago. Eta gero zioen orain badagoela baita Pakistanen ere lege bat, umeak esplotatzen dituena kartzelara eramateko, eta antzeko gauzak.

—Ondo dago hori!

—Bai. Baina inguruan zegoen jende gehienak ez zuen horrela pentsatzen. Merkatariek iraindu egiten zituzten garrasika eta barazkiak botatzen zizkieten handik bidaltzeko. «Alde hemendik! Pailazoa! Traidorea!» Baina hark besteek baino indar gehiagorekin oihu egiten jarraitzen zuen, beldurtu gabe. Ikusi egin behar zenuten. Guztien artean alfonbra merkatariak haserretu ziren gehien. Bazirudien oholtza asaltatu nahi zutela. «Gezurrak besterik ez dira! —zioten—. Asmakizun hutsak!». Nik pentsatu nuen: «Honek lagundu ahalko liguke niri eta nire lagunei». Saiatu nintzen oholtzara hurbildu eta hari hitz egiten, baina jendetza handiegia zegoen. Eta gero, oholtza, poliziaz inguratua zegoen. Beraz, pentsatu nuen: «Polizia bati esan diezaioket. Horiei laguntzeko dago hemen polizia. Gizon horrek lege bat dagoela esan du». Gertuen zegoen poliziarengana hurbildu nintzen. «Gizon horrek arrazoia dauka», esan nion, «ni eta nire lagunak esklabo gaude alfonbra merkatari baten etxean». «Eta zu nolatan zaude hemen?» galdetu zidan berak. «Ihes egin dut» erantzun nion. «Eta nola du izena zure ugazabak?». «Hussain Khan, jauna», erantzun nion. Poliziak ingurura begiratu zuen: «Zatoz nirekin», esan zidan. «Nora?». «Ez izan beldurrik. Gure kuartelera. Jaten emango dizugu. Eta bihar goizean Hussain horren bila joango gara». «Kartzelan sartuko al duzue?», galdetu nion. «Guk dakigu zer egin behar den». Kuartelekoak atseginak izan ziren. Katilukada bat arroz eman zidaten. Ziega bateko kamainan lo eginarazi zidaten. Baina ez nengoen preso: nahi izanez gero atera nintekeen. Hori esan zidaten. Hurrengo goizean zer gertatu zen badakizue zuek. Hussainek esan zien langileak ginela, guztioi soldata ordaintzen digula, ez gaudela katez lotuak. Eta haiek sinistu egin zien.

—Ez zioten sinistu —azaldu nion—, dirua jaso zuten. Nik ikusi egin nuen.

Nahigabeturik begiratu genion elkarri. Iqbalen kamainaren bueltan bilduta geunden. Bera zurbil eta ahul zegoen eta bazirudien hitz egitea ere kosta egiten zitzaiola.

—Baina poliziaz ere fidatu ezin bagara —esan nuen guztion pentsamendua interpretatuz—, beste nork lagundu ahalko digu?

—Askatasunaren Fronteko gizonek —erantzun zuen Iqbalek—, haiek lagunduko digute.

—Agian. Baina nola aurkituko ditugu?

Iqbalek irribarre maltzur bat egin zuen, eskua galtzen patrikara eraman eta paper-orri bat atera zuen.

—Zer da? —galdetu genion guztiok.

—Beraiek banatzen zuten. Seguru idatzita dagoela baita haiek topatzeko bidea ere.

Orria eskuz esku pasatu zen. Ukitu eta begiratu egin genuen, harriturik.

—Bai, anaia, bai —esan zuen azkenik Salmanek—, zuk agian arrazoia edukiko duzu. Baina gauza bat ahazten duzu: gutako inork ez daki irakurtzen.

Isiltasun luzea.

Ondoren, gure atzean ahots bat entzun genuen, ordura arte sekula entzun gabea, ahots berezia, herdoildua bezala, eta esan zuen:

—Ez da egia. Nik badakit irakurtzen.

Denok buelta hartu genuen Mariari begiratzeko, aho zabalik, haluzinatuak bezala.

XI

Eta azkenik ailegatu zen Kometaren Udaberria. Urte hauetan beti horrela deitu diot nire barruan. Gogoan dut oraindik mendiko haizea jotzen hasi zenekoa: hasieran hotza zen, baina garbia; gero epeldu egin zen eguzkiarekin eta lainoak eta hiriko keak eta hautsa garbitu zituen; gero, euria eta aurreko hilabeteetan alde guztietan sartu zen hezetasuna lehortu zituen; azkenean irribarre eginarazi zigun. Patioan lore bitxiak eta belar gaiztoak atera ziren; eguerdiko atsedenaldira ateratzen ginenean usain gozoa egoten zen. Kaleko bi katu agertu ziren, sekula ordura arte ikusi gabeak eta ez zegoen haiek harrapatzeko modurik. Mohammad eguzkitan etzaten zen eta pozagatik totelka hitz egiten zuen; Karim eguzkitan etzaten zen eta marmar egiten zuen, beldur zelako ugazaba haserretu egingo zela berarekin; Zotza lehenago baino argalagoa eta zotzagoa zegoen, sinestezina bada ere, eskua sendatua zuelako eta guztiok bezala egin behar zuelako lan; Ali txikia neguan zehar hazi egin zen basoko onddoak bezala, jada ez zen gure Ali txikia, eta hori zen nobedaderik handiena.

Iqbalek berriro ihes egin zuen, eta oraingoan seguru geunden lortua zuela.

Negu osoa pasatu genuen prestakuntzak egiten. Karimek eta *Zotzak* —egiazko izena Ramazza zuen—, ugazaben etxetik lapurtzen zituzten kandela-mutu-rren argitan, Mariak gauero elkartzen gintuen eta irakurtzen irakasten zigun. Oso gogorra zen: Salman bezalako azaburuek eta Karim bezalako alferrek ere ez zuten haren kontrol zorrotzetik ihes egitea lortzen. Arbel gisa lurrezko zorua erabiltzen zuen, esku ahurrarekin behar bezala lisatu ondoren, arkatz bezala makila zorroztu bat, eta horrekin alfabetoko letrak idazten zituen, guk denok batera errepikatu behar genituenak, atzeratu talde bat izango bagina bezala.

—Ez dut tutik ulertzen —kexatzen zen Karim, hiru letraren ondoren nahastu egiten zelako—, sekula ez dut ikasiko.

—Zu isilik —esaten zion garrasika Mariak, eta berriro errepikarazten zizkion.

Mariak irakurtzen irakasten zigun, eta guk berari berriro hitz egiten.

Maria, Faisalabad probintziako eskola-maisu baten alaba zen; aita azkar alargundu zen, eta Mariarentzat txikitandik izan ziren jostailu liburu zahar batzuk, marrazkidunak, hauts usainekoak eta une batetik bestera desegiteko itxura zeukatenak. Ia bere kasa ikasi zuen irakurtzen. Aita pobrea zen, noizean behin seme-alabak gogoz kontra zerbait ikastera bidaltzen zizkioten nekazariak bezain pobrea ia; haiek oso noizean behin ordaintzen zioten zerbait, beraien baratzetako produkturen batekin.

—Zuen seme-alabak ez dute ezjakin geratu behar —errepikatzen zuen beti maisuak—, bestela zuek bezala morroiak eta miserableak izango direlako. Hori nahi al duzue zuen umeentzat?

—Ez, maisu jauna —esaten zioten haiek, errespetuz kapela kenduaz.

Benetan errespetua zioten maisuari eta zinez sinisten zioten esaten ziena. Baina garai haiek zirenak ziren, eta seme-alabek etxerako egin behar zuten lan, soroetan edo ugazabari zerbitzatzeko. Ez zegoen eskolarako astirik.

—Zoaz aberatsen umeei irakastera —gomendatzen zioten nekazariek—, eskola haientzako da.

Baina Mariaren aitak sekula ez zuen aberatsengana joan nahi izan. Lehenengo aldiz herriko lukurariarengana joan behar izan zuen arte; eta gero berriro ere. Etxera bular barruan samin handia zuela itzuli zen eta ez zuen ezer esan. Hurrengo goizean bi gizon joan ziren Maria eramatera. Aitak bere kamainan jarraitu zuen, ez zuen ezta burua ere jaso. Maria geroztik ahoa zabaldu gabe zegoen.

—Baina nola duzu izena? —galdetu genion segituan.

—Nik Maria dut izena —erantzun zigun berak asko kostata, hitz zuzenak banan-banan bilatu ondoren—, zuek horrela deitu zenidatelako. Zuek zarete nire familia.

Urte bete ia igaroa zen Iqbal etorri zenetik, eta halaxe zen, zerbait gure artean aldatua zegoen: hasieran zoritxar bera jasaten genuen ume talde bat besterik ez ginen, eta bakoitzak ahal zuena egiten zuen bizirik irauteko; orain solidarioak ginen, elkartuta geunden, lagunak eta zerbait gehiago ere baginen.

Gau batean Iqbalek ekarritako panfletoa ulertzea lortu genuen. Bat-batean, mirakulu baten antzera, hondar gainean kostata marraztutako zeinu haiek guztiak, oilo-arrasto ulergaitz eta zail haiek esanahi zehatz bat hartu zuten. Paper gainean esaldi bat agertzen ikusi genuen, bere kasa agertzen, benetan, guk ez genuen ezer egiten. Berez osatu zen eta gauzak esan zizkigun.

Gogoan dut bihotza taupaka neukala ero moduan. Ezin nuen sinistu! Hura zen irakurtzen jakitea, beraz: gauza hil bat ikusten zenuen, eta ez bat eta ez bi, gauza hura bizirik zegoen, pertsona bat bezala, eta hitz egiten zizun.

Hurra! sutsu bat bota eta segidan oheetan ezkutatzera joan ginen, ugazaba-andrea esnatu genuelako, noski. Idatzitakoa hainbeste aldiz errepikatu genuen ozenki, oraindik ere gogoratzen dudala. Lerro gutxi batzuk ziren eta honela zioten:

UMEEN LAN ESPLOTAZIO GEHIAGORIK EZ!!!!

Pakistanen 7 milioi umetik gora bizi dira benetako esklabotzan, nekazaritzan, adreilu labe edo alfonbra lantegietan eskrupulurik gabeko ugazaba dirugoseentzat lana egitera behartuрik.

Katez lotuak, egurtuak eta era guztietako torturak jasanez.

Goizetik gauera egiten dute lan!

Beraien nekeen truke, soldata gisa, eguneko rupia bat ematen diete!

Haien ugazabak, aldiz, aberastu egiten dira Mendebaldeko merkatariei alfonbra preziatuak salduz!

Poliziak hori guztia badaki, baina ez du ezer egiten usteldua dagoelako!

Baina orain badago lege bat,
baita gure herrialdean ere,
ezkutuko lantegiak itxiarazi eta horien
jabeak atxilotzera behartzen duena.

Errespetarazi dezagun!

Amai dezagun gure herrialdeari desohorea dakarkion lotsagarrikeria horrekin!

Gure umeek umeak besterik
ez izateko eskubidea daukate!

JAR ZAITEZTE HARREMANETAN GUREKIN!
EGIN BORROKA GUREKIN!

UME LANGILEEN ASKATASUNERAKO FRONTEA

Eta hainbeste bilatutako helbidea ere bazetorren, jakina. Arazoa, orain, toki hartara iristea zen. Plano bat egin genuen.

Istilua ustekabean hasi zen, gu patioan, etzanda, lasai, eguzkiaz gozatzen geundela. Antza, Mohammadek, beti traketsagoa izan zenez, Salman jo eta lenteja-zopa katilua lurrera bota zion. Beste batzuen esanetan, aldiz, errua Salmanek izan zuen, apur bat harroputz jartzeko joera baitzuen eta adarra jotzen baitzion haren neurrigabeko oinengatik; eta menditarrak pilota itzuli zion.

Apur bat geroago, elkarri gogor joka ari ziren, eta Karimek *buf*! esateko astia eduki baino lehenago ere, iskanbila hura beste guztiengana zabaldu zen. Batzuk Salmanen alde atera ziren; beste batzuk Mohammaden alde, beste batzuk ez bata eta ez bestearen alde, baina berdin-berdin gogoa zuten norbait astintzeko; beste batzuek, azkenik, kanpoan geratu nahiko zuten, baina ezinezkoa zen. Guk, neskok, gure papera bete genuen, patiotik korrika eginez, antzarek bezala garrasi eginez eta hautsa eta oilo-lumak harrotuz.

Ugazaba-andreak eltzea utzi egin zuen, lentejak alde guztietara boteaz, eta etxerantz abiatu zen, senarrari deika. Hussain Khan ate aurrera tirantedun kamisetarekin agertu zen, biboteak bustita zituela, bazkaria eten geniolako.

—Geldi! Geldi! —egin zuen garrasi.

Hamar minutu luze behar izan genituen lasaitasuna itzul zedin. Beste horrenbeste, guztioi errieta serioa egiteko, betiko mehatxuekin, eta istiluaren bi arduradunak Hilobian egun bat pasatzera kondenatu zituen, ohikoa zen bezala.

Ondoren patioa garbitzea tokatu zitzaigun, zopatan blai geratu baitzen.

Azkenik, Hussainek noizbait lortu zuen bi liskartiak eskailera ezagunetatik behera arrastaka eramatea eta, elkarri irain beldurgarriak botatzen jarraitzen zutelarik, giltzapean uztea, eta etendako bazkarira itzuli ahal izan zen. Karimek kostata jarri ahal izan gintuen ilaran, soldadutxoak bagina bezala, eta lantegira lagundu zigun. Ehungailuak martxan jartzen joan ginen bitartean, dena ordenan zegoela kontrolatu zuen, pentsatu, buruan hazka egin, lurrera behin edo bitan txistu bota eta artean beste minutu batzuk behar izan zituen zerbait ongi ez zebilela ohartzeko. Patioa lasaitasun handiz zeharkatu, galtzak gerrian ongi jarri, ugazaben atera deitu zuen eta Hussain Khan izutu bati esan zion bere kalkuluen arabera langile bat falta zela.

Halaxe zen, nahaspilaz baliatuz, Iqbalek patio barreneko hormatik igo eta ohiko baratzetako bidea hartuz, bigarren aldiz hanka egin zuen. Abantaila txikia zeukan, bai, baina ez zuten harrapatuko.

XII

Eshan Khan, Iqbalek azokako enparantzan egun hartan ikusi ondoren deskribatu zigun bezalakoxea zen: gizon garaia, sendoa ez baina indartsu eta kementsu itxura zeukana. Ile eta bizar beltz eta ongi zainduak zituen, eta beti zuri ezin zuriagoz janzten zen. Ordurako urteak zeramatzan ume esklaboak askatzera dedikaturik. Mehatxatua, egurtua, espetxeratua izan zen. Halere, berriro ekiten zion, gero eta adoretsuago eta tematiago.

Burugogorra zen, hori bai. Eta batez ere fede bete-betea zeukan bere ideietan eta bere eginkizunean. Sekula hura bezalako adineko pertsonarik ezagutu gabe geunden: gure gurasoak nekatuta eta etsita zeuden, beraien gurasoak eta gurasoen gura- soak bizi izan ziren bezala bizi ziren beraiek ere, eta uste zuten gauzak beti berdin izango zirela eta ezin zela ezer egin aldatzeko.

Uzta ugazabak eramango zuen, bufaloa gaixotasun batek eramango zien eta lukurariak eramango zuen haien bizitza eta beraien seme-alabena.

«Gauzak beti horrela izan dira», esaten zuten.

Neuk ere, bera ezagutu aurretik, berdin pentsatzen nuen, eta uste nuen ehungailuari katez lotuta egotea, hariak ehotzen, gauzen antolamendu naturala zela eta galarazi ezin daitezkeen bizitzako nahigabe horietako bat zela. Eshan Khanek begiak zabaldu zizkidan, eta esaten zigun guztia ulertzen ez banuen ere –artean gaztetxoegia eta ezjakinegia nintzen–, oraindik gauza asko gogoratzen ditut. Eshan Khan gutariko batzuentzat bigarren aita bihurtu zen, nahiz eta, aitortu behar dut, sekula ez zuen ezer egin gure jatorrizko gurasoengandik banatzeko. Batez ere Iqbalentzat bihurtu zen aita berria. Uste dut hori nahitaezkoa zela: Iqbal bera bezalakoa zen, kaskagogorra, inkontzientea eta mundua alda zitekeela uste zuena.

Eshan Khan eta Ume Langileen Askatasunerako Fronteko beste bi gizon Hussainen etxera ailegatu bezain azkar ulertu genuen atzera bueltarik ez zegoela. Polizia bat eraman zuen berarekin, hura ere potoloa aurrekoak bezalaxe, baina uniformea txukun eta mahukan hainbat zeinurekin zeramana.

—Ofizial bat da —adierazi zuen baten batek.

Eta gero gizon garai eta argal bat, itxura goibel eta zorrotzekoa, epailea zela zioena.

Eta segidan Iqbal, begiak diz-diz eta jauzika eta besoekin keinu handiak eginaz.

—Lortu du —egin genuen oihu—, oraingoan lortu du!

Hussainek mehatxatu, eztabaidatu, erregutu, eta esku koipetsuak gogor igurtzi zituen, gerrian zeraman billete mordoa nahi gabe bezala ikusaraziz. Ez zion ezertarako balio izan.

Iqbalek lantegira eraman zituen.

—Begira ume hauek —esan zion Eshan Khanek epaileari—, ikusi zeinen argalak dauden, eskuak ebakiz eta babaz beteak dituzte. Eta hanketan kateak.

Ondoren patioa zeharkatu zuten, Hilobira jaitsi eta Salman eta Mohammadi eutsiz azaldu ziren berriro; begiak argitasunagatik itxita eta balantzaka zeuden arren, biak berdin atera ziren tontakeriak egiten eta garaipen oihuak botatzen. Poliziak hartu eta eraman egin zuen Hussain, eta ugazaba-andrea etxean itxi zen negar zotinak egitera. Kateak kendu, ateak parez pare zabaldu eta esan ziguten:

—Aske zaudete, joan zaitezkete.

Denok batera atera ginen, izuturik. Kalera ematen zuen atetzarretik begiratu genuen, alde batera eta bestera. Jakin-minez etorritako jende multzo bat zegoen bildua, eta baten bat garrasika ari zen. Galdu itxurarekin sartu ginen berriro barrura.

—Ez dakigu nora joan —esan zuen azkenik baten batek.

Ondo gogoratzen dut une hartako sentsazioa: ez nekien zer egin. Iqbalekin eta besteekin gauez edukitzen genituen elkarrizketez gogoratu nintzen, nola beti esan izan genuen: «Libreak garenean», eta egindako proiektu guztiez oroitu nintzen, eta orduan, unea ailegatu zenean, beldurrez nengoen.

Iqbalek banan-banan besarkatu gintuen.

—Eraman ditzagun geurekin —esan zion Eshan Khani—, Frontearen egoitzara.

Bi automobiletan sartu gintuzten, pilatuta. Urruntzen gindoazen bitartean, atzeko kristaletik begiratzea lortu nuen: Hussainen etxea, lantegia eta patioko putzua poliki urruntzen ikusi nituen kaleko hauts artean. Nire bizitzako azken urteak han igaro nituen, eta ia-ia iruditzen zitzaidan sekula ez nuela beste etxerik eduki.

Senez Iqbal bilatu nuen eta nire kontra estututa zegoen.

—Oraindik ikusiko dugula uste duzu? —galdetu nion.

—Ez, sekula gehiago ez —erantzun zidan berak, seguru.

Bihurgune baten ondoren, Hussainen alfonbra lantegia desagertu egin zen. Maitasunarekin gogoratzen nuen gauza bakarra komuneko leihotxoa zen, denbora luzez nire itxaropena bizirik eduki zuena.

Ume Langileen Askatasunerako Frontearen egoitza kolonia garaiko etxe zahar bat zen; hormak arrosa zahar ederrez pintatuak zituen, baina pintura harrotzen hasita zeukan. Lorategi bat ere bazuen, burdinsare garai batez inguratua, azoka atzeko kale estu eta jendetsu batera ematen zuena. Bi solairutako eraikina zen, eta zaharkitua eta desordenatua egon arren, segituan ederra eta erosoa iruditu zitzaidan: etxe, berotasun eta babes sentsazioa ematen zuen.

Behe solairuan gela handi bat zegoen gauzez gainezka: mahaiak, aulki herrenak, aldizkari, liburu eta panfleto paketeak nonahi pilatuta, kartelak, pankartak, kaleko hiru txakur, sabaiko hiru haizagailu, kez betetako airea alferrik mugiarazi nahi zutenak, etengabe joka ari ziren telefonoak, eta alkandora hutsean oihuka eta batetik bestera zebiltzan gizonak, gu pasatzean kolpetik isildu eta ondoren txaloka hasi zirenak. Gu ilaran gindoazen, begiak zabal-zabalik, eta lotsarengatik are txikiagoak bihurtu nahi genuela.

—Hau da Frontearen egoitza —azaldu zigun Iqbalek—, eta denak lagunak dira. Ez duzue beldurrik eduki behar.

—Baina zergatik jotzen dute txalo?

—Guri jotzen digute.

—Guri?

Goiko solairuan, aldiz, gela asko zeuden, baita sukalde handi bat ere —usain gozo zoragarriak zetozen handik—, eta Txoko bat, beharretarako, plaza bat bezain handia, dena garbi-garbia eta auskalo zertarako zen aska handi batekin. Hiru emakume ere bazeuden, ikusi bezain azkar besarkatzera etorri eta alde guztietatik ukitzen hasi zitzaizkigunak, elkarrekin etengabe hitz egiten zuten bitartean.

—Begira ume gaixo hauek...

—Zeinen argalak dauden...

—Eta eskuak, begiratu eskuak...

—Eta nolako arrastoak txorkatiletan. Begira nolako zauria...

—Eta zorriz beteta daude...

Gertatzen ari zenaz konturatu aurretik, aska handiaren erabilera ikasi genuen: ur beroz bete zuten eta, gutako bakoitzari, traizioz, gure protestei jaramonik egin gabe, harrapatu, uretan sartu, garbitu, txukundu, igurtzi eta zorriak kendu zizkiguten. Arropa garbiak eman zizkiguten. Bapo jaten eman ziguten. Ondoko logeletan ohe moduko batzuk prestatu zizkiguten.

Gaua aurrera zihoan bitartean, nire bizitzan lehen aldiz gozatzen nuen sabela beteta edukitzeaz, garbitasun usainaz, izaren erosotasunaz. Kalean, aldiz, bazirudien bizitza sekula ez zela geratuko, eta zarata desberdinak entzuten nituen: motorren harrabotsa, bozina hotsak, asto-arrantzak, ahotsak eta barre algarak, adar bat, zarata misteriotsuak, eta ahul-ahul *muezin*aren deia.

«Ezingo naiz lokartu», pentsatzen nuen.

Baina kolpean lokartu nintzen.

Hurrengo goizean egunsentiarekin esnatu nintzen, beti bezala. Ingurura begiratu nuen, non nengoen asmatu ezinda. Pentsatu nuen lehen gauza izan zen: «Azkar joan behar dut ehungailura. Berandu nabil, ugazabak zigortu egingo nau». Jaiki eta ziztu bizian jantzi nintzen. Korridorera atera nintzen. Etxe handia hutsik eta isiltasunean zegoen. Beheko solairurantz begirada bat bota nuen: ez ehungailurik, ez ugazabarik, lanik ez.

Eskaileretan eserita negarrez hasi nintzen. Ez dakit zergatik. Urte haietan guztietan negar egin gabe nengoen. Bakarrik eta desesperatuta, Hussainen lantegian preso sentitzen nintzenean ez nuen negar egiten; ez nuen negarrik egiten lan-egun baten ondoren eskuak odoletan edukitzen nituenean; ez nuen negarrik egin, Iqbal han Hilobian hilko zen beldur egon nintzenean. Baina une hartan ezin nion negar-zotinari eutsi. Aurreko egunean ezagutu genuen andre haietako batek, lapiko batean zerbait goxoa nahasten ari zen sukaldetik atera eta besoen artean hartu ninduen:

—Ez izan beldurrik, txiki —esan zidan—, dena amaitu da.

Baina ez nuen beldurrarengatik egiten negar. Beste zerbait zen.

Handik pixka batera esnatu ziren guztiak. Haien aurpegi haluzinatuengatik ikusten zen ez zeudela ni baino askoz hobeto. Gosaldu egin genuen. Behe solairuko gela handian eta lorategian sakabanatu ginen. Ez genekien zer egin. Andreak –gero jakin genuen Eshan Khanen emaztea zela–, esan zigun:

—Egin jolas, umeok!

Taldeka banatu ginen, deseroso, ez geundelako ohituta. Urteak generamatzan jolas egin gabe eta ez genekien nola jolastu.

Eshan Khan ailegatu zen, irribarretsu eta beti bezain zuri jantzita. Bere inguruan bilarazi eta esan zigun bakoitzak gure jaioterriaren izena eman behar geniola. Frontea arduratuko zen gure familiak bilatu eta geure etxeetara eramateaz.

—Zuen gurasoak besarkatu ahalko dituzue —esan zigun.

Gutariko gehienek pozez egin zuten oihu eta haren ondoan pilatuta, herri izen bitxi eta ezezagunen izenak oihukatzen joan ziren. Baina batzuk aparte geratu ziren.

Karimek, handi eta trakets, garrasi egiten zuen:

—Nik ez daukat familiarik, nora joango naiz?

Maria txikia nire besoetan babesa bilatzera etorri zen eta belarrira esan zidan, ahots artean zalantzakor eta kirrinkariarekin:

—Beldur naiz aita hil ote den. Zuek zarete nire familia. Fatima, zu nora joango zara?

Bai, zer egin nezakeen? Oroitzapen lauso bat besterik ez neukan nire amaz, irudi zirriborratu batzuk nire anai-arreba mordoaz. Ez nituen gogoratzen ezta haien izenak ere. Ez nekien seguru zein zen nire herrixka. Lau txabola ziren landaren erdian, nonbait. Batzuetan pentsatzen nuen sekula ez zela existitu.

Iqbal etorri zitzaidan ondora.

—Joan egingo zara, ezta? —galdetu nion.

Gogoan nuen nola saiatu zen beti bere familiari buruzko zehaztasunak buruan gordetzen. Aurpegia jiratu zuen, aurpegira begiratu nahi izan ez balit bezala.

—Bai —murmurikatu zuen—, pentsatzen dut baietz.

—Gurasoak besarkatu nahiko dituzu.

—Jakina —murmurikatu zuen berriro.

—Eta ez al zara zoriontsu?

Une batez isilik geratu zen.

—Ez dakit —esan zuen azkenik.

Hori ez nuen ulertzen.

—Hara —azaldu zidan poliki hitz eginaz—, etxekoak berriz ikusteko gogoa daukat, horrenbeste denbora eta gero. Aita eta ama berriz ikusi nahi ditut. Baina ez dut haien bizitza egin nahi.

—Berriro salduko zaituzten beldur al zara? —galdetu nion.

—Ez da hori —esan zuen—, nire aitak, zureak bezala, ez ninduen saldu gaiztoa delako. Beraientzat sufrimendu izugarria izan zen, baina ezin zuten besterik egin. Ez, ez da hori. Nik beste zerbait egin nahiko nuke.

—Zer?

Haren begiak Eshan Khanen bila joan ziren.

—Oraindik ez dakit —xuxurlatu zuen.

Denok isilik geratu ginen, jota. Ondoren Iqbalek Mariari eta niri eskutik heldu zigun.

—Goazen! —esan zuen ozenki.

—Nora?

—Irten gaitezen, ez dugu triste egon behar.

—Irten? —galdetu genion—, baina irten al gaitezke?

—Noski irten gaitezkeela. Libreak gara!

—Eta zer egin nahi duzu? —galdetu genion denok batera.

Itxura misteriotsua hartu zuen berak:

—Eshan Khanek opari bat egin dit. Eta nik zuri promesa bat egin nizun.

Kanpoan dena berria zen, arraroa eta zaratatsua. Etengabe inguruetara begiratzen genuen. Eguzkia zegoen, haizea, usainak. Hiri gainetik zegoen mendian gora joan ginen, azken etxeak atzean utzi eta harkaitzak, belarrak eta eguerdiko beroa besterik ez zegoen tokira ailegatu ginen. Hiria, behean, gandu-laino batek inguratua zegoen, baina gu geunden lekuan dena zen gardena eta garbia.

—Ez begiratu! —agindu zigun Iqbalek.

Begiak eskuekin estali genituen, baina oso ongi konturatu nintzen Mariak hatzen artetik kirik egiten zuela, eta ondoren nik ere egin nuen. Iqbalek alkandorapetik zerbait estalia atera zuen, belar gainean zerbait zuria eta koloretsua zabaldu, hari-mataza bat askatu, korrika hasi eta oihu egin zuen: —Orain begiratu!–, ordurako kometa zeruan goian zegoen, haizearekin jauzi eginez, eta guk lainoetaraino igoarazi genuen, eta baita gorago ere.

Eskuz esku pasatzen joan ginen, orduak pasatu genituen, haize kolpe batek haria hautsi zigun arte, eta zeru urdinean, eguzkirantz joaten ikusi genuen.

Berotuta eta arnasestuka geunden.

—Beste bat egingo dugu —zin egin genuen.

Etxerantz aldapan behera gindoazela, iluntzen hasita, Iqbalek esan zigun:

—Erabaki dut. Ni Eshan Khanekin geratuko naiz, eta zuek nirekin geratuko zarete.

XIII

Horrela hasi zen Eshan Khan eta Askatasunaren aldeko Fronteko kideekin pasatu genuen urtea.

—Nik zuekin geratu nahi dut —adierazi zuen Iqbalek gau hartan bertan, afaldu ondoren, zuzendaritza batzordeko gizon eta emakumeak elkartuta zeuden beheko solairuko gelan—, Pakistanen esklabo dauden ume guztiak askatzen laguntzeko.

Eshan Khanek begiratu eta irribarre egin zuen:

—Hori ezin liteke, Iqbal. Zu oso kementsua izan zara zure ugazabaren kontra altxatu eta zure lagunak askatzen laguntzeagatik. Baina ezin zara gurekin geratu: zu zure familiarena zara. Zer esango dute zure aitak eta amak berehala beraiengana eramaten ez bazaitugu?

—Zertarako balio du ni nire familiarengana itzultzeak —erantzun zion Iqbalek—, hemendik urte betera edo lehenago berriro esklabo izan naiteke eta? Edo ni ez, baina bai Maria edo Fatima. Edo gure beste edozein lagun. Zenbat daude guk lan egiten genuen bezala lan egiten dutenak?

—Seguru ez dakigu. Asko. Hemen, Lahoren bakarrik, ehundegi klandestinoak ehunka dira, gero adreilu lantegiak daude, eta, mendietan, meategiak. Eta gero nekazari esklaboak daude... milaka eta milaka ume, ehunka mila, agian...

—Zuek askatu egin nahi dituzue —esan zuen Iqbalek—, eta baita nik ere.

Maria eta biok aho zabalik ari ginen jarraitzen eztabaida: guk sekula ez genuen hala hitz egiteko balorerik edukiko, helduekin maila berean aritzeko. Baina Iqbalek berak ere pertsona heldua zirudien une hartan.

—Ondo pentsa ezazu, Eshan —hartu zuen hitza beste gizon batek—, mutikoa argia da eta baliotsua izan daiteke guretzat. Zuk badakizu zeinen zaila den epaileok esku har dezaten konbentzitzea. Iqbal ezkutuan sar daiteke ehundegietan, umeekin hitz egin dezake, berarekin fidatuko baitira, eta horrela behar ditugun frogak lortu ahalko ditu. Bera gabe sekula ez genuen harrapatuko Hussain.

Eshan Khanek burua astintzen jarraitzen zuen:

—Ez. Gainera, ikasi beharko lituzkeen gauza mordoa dago...

—Ikasiko ditut —agindu zuen Iqbalek—, dagoeneko irakurtzen eta idazten ikasi dut, bai behintzat pixka bat.

—Eta gainera arriskutsuegia da. Alfonbra lantegietako jabeak indartsuak dira, baita adreilu lantegietakoak ere. Lukurariak indartsuak dira. Poliziak babestu egiten ditu, zuek ere ikusi duzue. Epaileek ez ikusiarena egiten dute. Hemen, guztiok gaude mehatxatuta eta pertsegituta. Ez, ezin dut onartu.

Iqbal aulkitik altxatu eta tente jarri zen, bere altura txikiak uzten zion bezain tente. Une hartan, ordea, guztioi oso garaia iruditu zitzaigun, bazirudien buruarekin sabaiko habeak joko zituela. Bere irribarre haietako bat egin zuen.

—Nik ez daukat beldurrik —esan zuen—, ez diot beldurrik inori.

Sinistu zioten.

Eshan Khanek familiarengana lagundu zion, eta handik hamar egunera berriro bila joan zitzaion. Iqbalek eguneko beste orduak gelan sartuta igaro zituen. Gauean irten eta esan zuen:

—Amak negar egiten zuen eta aita beldurrez dardarka zegoen. Baina nire erabakia ulertu eta ontzat hartu dute. Agindu diet ahal dudan guztietan joango naizela haiek ikustera. Fatima, badakizu —erantsi zuen gero—, nik ikasi nahi dut, dena ikasi nahi dut, abokatu ospetsu bat izan eta Pakistango ume guztiak askatu nahi ditut.

—Oso ondo, Iqbal —egin zuen oihu Mariak.

Nik era esan nion: —Oso ondo —baina niri ahotsak dar-dar egiten zidan.

Iqbalek benetan ikasi zuen; Fronteko bilera guztietan parte hartzen zuen, gizon helduen erdian eserita egoten zen, eta arretaz entzuten zien, kopeta zimurtzen zitzaiola ulertzeko egiten zituen ahaleginengatik. Noizean behin, ni ere joan nintzen, baina ezjakinegia nintzen haien arrazoibide guztiak eta esaten zituzten gauza zail guztiak ulertzeko. Iqbalek liburuak irakurtzen zituen, esna egoten zen gauez, kandela bat piztuta zuela, eta hitz guztiak letraz letra irakurtzen zituen. Argazki makina bat erabiltzen ikasi zuen. Gainera, ahal zuenean Eshan Khanekin hitz egiten zuen. Orduak eta orduak pasatzen zituzten hizketan.

Berdinak ziren biak, esana nuen nik hori.

Gure beste lagunak, gaur bat eta bihar bestea, denak joan ziren, beraien etxeetara itzultzeko. Mohammad joan egin zen, bere mendietarantz, eta agur azkar bat toteldu zuen, hunkipena ezkutatzen saiatuz. Joan egin zen Salman; ni besarkada trakets batekin estutu eta Iqbali esan zion:

—Anaia, gustatu zait Hussaini egin dioguna, eta geratuko nintzateke zuri laguntzen, baina nire zaharrek behar naute.

Zotza joan egin zen, beti barre eginarazten ziguna. Ali txikia joan egin zen, lotsarik gabe negar eginez. Besteak joan egin ziren.

Gutaz kanpo, arrosa koloreko hormak zeuzkan etxe zaharrean Karim bakarrik geratu zen: jateko eta ostatu truke edozein lan egiteko prest zegoen, eta amorru handiz, baita Iqbalen aginduak ere bete beharrean zegoen.

Hilabete pasatu baino lehen, Iqbal alfonbra lantegi klandestino batean sartu zen, Lahoreko iparraldeko periferian; soto batean ezkutatuta zegoen, eta han hogeita hamabi ume aurkitu zituen, ezkabiaz eta zauriz beteak, hain argalak non saihetsezurrek larruazala zulatzen zieten. Hitz egin zien, bere eskuetako orbain-arrastoak erakutsi zizkien, kontatzen ziena gezurra ez zela frogatzeko; argazkiak atera zizkien kateei, ehungailuei eta lur azpitik iragazten zen urak osatzen zituen putzuei. Handik hiru egunera, Fronteko gizonak poliziarekin eta epaile batekin bertan presentatu eta jabea atxilotu ondoren umeak askatu zituzten.

Hurrengo gau eta egun osoan Maria eta biok Eshan Khanen emazteari eta beste andreei laguntzen aritu ginen, ur-bero eltzekadak eraman eta ailegatu berrientzat egonaldia prestatzen.

Igarle maitea, zeinen zikinak zeuden! Posible ote zen gu geu ere halako egoerara ailegatu izana?

Ondorengo hilabeteetan, Iqbali esker, umeak esplotatzen zituzten beste hamaika lantegi itxi ziren, ia berrehun ume askatu ahal izan zirelarik. Frontearen egoitzak umezurtz-etxe bat zirudien. Denek historia berdina kontatzen zuten: herrixka bat, landa erdian edozein tokitan galdutakoa, uzta galdua, lukurariaren mailegua, esklabotza.

—Lukurarien kontra jo beharko genuke —zioen Iqbalek—, beraiek dira guztiaren errudunak.

Ordurako lasai hitz egiten zuen gizonen bileretan, bere iritzia ematen zuen eta besteek entzun egiten zioten. Nekaezina zen. Ekintza bat bukatu orduko heltzen zion beste bati.

—Denak kartzelara bidali beharko genituzke, —esaten zuen— den-denak!

Behin batean gauez ez zen itzuli eta zerbait gertatu zitzaion beldur egon ginen. Hurrengo goizean itzuli zen begi bat belundua eta matrailan ebaki bat zituela.

—Beste bat aurkitu dut —kontatu zuen—, baina ikusi egin naute eta argazki-makina hautsi didate. Egun batzuk pasatzen utzi eta itzuliko naiz.

Eshan Khan harro zegoen Iqbalez. Benetan seme bat bezala tratatzen zuen. Aitortu behar dut batzuetan apur bat jeloskor jartzen nintzela, arrazoirik gabe, Maria eta biok ere alaba bezala tratatzen gintuztelako eta ez zitzaigun ezer falta. Baina ez dakit. Agian susmatzen nuen Iqbal eta biok bide desberdinak hartzen ari ginela, eta lehenago edo beranduago elkarrengandik banatu egin beharko genuela. Buruan baneukan baita pentsamendu tinko bat ere, nire familiarena, lehenago edo beranduago aurkituko zituztela. Eta orduan, zer egingo nuen?

Arazoak ere hasi ziren sortzen.

—Adi egon behar dugu —esaten zuen Eshan Khanek—, *horiek* ez dute amore hain erraz emango. Zenbat eta ume gehiago askatu, zenbat eta esplotazaile gehiago salatu, orduan eta gehiago saiatuko dira gu isilarazten. Gure ahotsaren beldur dira. *Horiek* isiltasunari eta ezjakintasunari esker gizentzen dira.

Gau batean Eshan Khan harrapatu nuen emazteari nola esaten zion isilpean:

—Beldur naiz Iqbalengatik. Ezagutzen dute, badakite batez ere berari esker lortzen dugula beraiei egurra ematea. Badakizu zeinen gartsua eta ausarta den. Kontu handiagoz zaindu beharko genuke.

Hain zuzen, handik aurrera beti Fronteko bi gizonek egiten zuten guardia behe solairuko egongelan. Behin batean zarata arraroek esnatu gintuzten, hasieran kolpeak eta garrasiak entzun ziren, eta gero ihesi zihoazen pauso antzekoak. Zer gertatzen zen galdetu genuenean, erantzun ziguten: «Ezer ez», baina ez zen egia. Giro arraroa zegoen: batzuetan, kaletik, baten batek ukabila erakutsi eta mehatxu keinua egin edo irainen bat botatzen zigun. Frontearen egoitza aurreko espaloian itxura gaiztoko gizonak ere bazeuden askotan. Orduak pasatzen zituzten han, eta sartzen eta irteten ikusten gintuzten.

Pentsatzen nuenean gure kaltea nahi zuten *haiengan*, Hussain etortzen zitzaidan gogora, baina banekien egiaz zerbait gehiago zirela, zerbait okerragoa, nahiz eta ez nuen haiei aurpegia jartzea lortzen.

Gero azokakoa gertatu zen. Lahore bezalako hiri handi eta modernoetan ere, bizitzaren eta jardueren benetako erdigunea oraindik azoka da: lehenago edo geroago, egunean zehar mundu guztia handik pasatzen da erosketak egitera, baina baita lagunekin elkartu, kontu kontari aritu eta jendea ikustera ere. Tarteka-tarteka, Fronteko kideak azokara joaten ziren, egurrezko lau oholekin palko txiki bat jarri eta pankarta luze bat jartzen zuten zera zioena: UME LANGILEEN ESPLOTAZIOAREN KONTRA, salaketa kartelak jaso eta panfletoak banatzen zituzten, Iqbalek lehenengo aldiz aurkitu zituenean bezala. Gizonek mitin laburrak botatzen zituzten megafonoa izeneko tresna bat erabiliaz, baita urrutian dagoenak ere entzuteko moduan.

Beti jende mordoxka bat biltzen zen: merkatariek, batez ere aberatsenek, hizlariei barre egiten zieten, iraindu eta probokatu egiten zituzten eta gauzak botatzera eta guzti ailegatzen ziren; pertsona gehienek axolagabe entzuten zieten, bakar batzuk bakarrik ausartzen ziren lotsaz beraien adostasuna adieraztera, eta horiek, normalean, nekazariak eta peoiak izaten ziren, edo bestela seme edo alaba bat horrela galtzea zer den bizi izandakoak. Gauza horiek Iqbalek kontatzen zizkidan, Mariari eta niri ez zigutelako parte hartzen uzten: arriskutsuegia zela esaten ziguten.

Orduko hartan Iqbalek ere hitza hartu zuen. Zutik hitz egin zuen, buruz behera jarritako fruta-kaxa baten gainean, erdi kolokan, kostata aho aurrean ahotsa ozenagoa egiten duen tresna pisutsu haren aurrean, eta lotsak lotsa eta trabak traba, jendearen oihu, txistu hots eta zaratak gainditu eta bere esperientzia kontatu zuen, Hussainez hitz egin zuen, kateei eta ehundegiari buruz, eta gero (esan egin zidaten, ni ez nengoelako) izenak eman zituen. Guztien aurrean bileretan entzundako izenak bota zituen, lukurari handien izenak, gizon aberats, handi eta misteriotsuen izenak, hiri erdiko luxuzko etxeetan bizi, bidaiatu eta mundu guztian negozioak egiten dituztenenak. *Haiek* izango zirela pentsatzen dut.

Haragi-merkatariak deitu zien —esan zidaten—, esplotatzaileak, saiak.

Istilua sortu zen enparantzan. Talde txiki bat palkoa erasotzen saiatu zen, bultzaka eta mutur joka. Polizia, gogo txarrez, erdian jarri zen.

Haiek ez zeuden enparantzan, noski, *haiek* ez ohi ziren azokara joan. Baina lagun asko zeuzkaten, noski.

Hurrengo goizean, Eshan Khan egunkari mordo batekin etorri zen: Lahoreko egunkari guztietan eta baita Karatxiko batean ere aurreko eguneko gertakizunei buruzko artikuluak zetozen. Bitan Iqbalen argazki bat ere bazetorren, palkoan hizketan ari zen bitartean egina, aho aurrean tronpeta barregarri hura zuela. Egunkari batean «bere esplotatzaileak salatu zituen mutiko ausarta» bezala aurkezten zuten; besteek, ordea, «mutiko baten lañotasuna esplotatuz egindako espekulazio lotsagarri» batez hitz egiten zuten.

Ez dakit horrek zer esan nahi zuen.

Denok adarra jo genion Iqbali, zineko artista bat bihurtzeko zorian zegoela esan genion. Hura tomate bat bezain gorri jarri zen.

—Aitatxo, hau gauza ona da, ez? —galdetu zion Eshan Khani—; zuk beti esan duzu isiltasunari eta ezjakintasunari esker *horiek* gero eta indartsuagoak direla. Ba, hau ez da isiltasuna.

—Bai, Iqbal —erantzun zion Eshan Khanek—, honek asko laguntzen dio gure borrokari.

Baina ez zirudien konbentzitua, kezkatua zegoen. Ongi gogoratzen dut bolada hura: zenbat hazia zen Iqbal! Une batetik bestera bizarra aterako zitzaion. Barregarria egongo zen, gero! Baina ni ere hazita nengoen. Hura zoriontsua zen, sutsuki hartzen zituen gauza guztiak, gauza berrien egarri zegoen. Bizimodu berrira, askatasunezko bizimodura ohitzen ari ginen.

Nahi genuenean irten gintezkeen, ia. Eshan Khanen emazteak hurbiletik zaintzen gintuen eta ordutegi zorrotza ezartzen zigun. Behin batean bi txanpon oparitu zizkigun eta zinemara joan ginen. Karimek kontatu ziguna bezalakoa zen. Indiako film bat zen, lau ordu irauten zituena eta denbora guztia negarrez pasatu nuen. Iqbal oso antipatikoa izan zen, ez zuelako bigarren aldiz ikusi nahi izan. Telebista deskubritu genuen. Urrundik, ziotenez Ameriketatik ailegatzen

zen musika bitxi hura entzun genuen. Une batzuetan elkarri adarka erasotzen zieten bufaloen antzeko zarata egiten zuen, baina ez zegoen gaizki.

Iqbalek proiektu mordoa zeukan etorkizunerako, beti nirekin eta Mariarekin hitz egiten zuen haietaz. Hura ez zegoen nobedade haiengatik guztiengatik beldurtua. Ni bai nengoen pixka bat. Iruditzen zitzaidan dena bizkorregi ari zela igarotzen, edo agian amets eder hura amaituko zen beldur nintzen.

Arratsalde batean, modu barregarrian jantzitako mendebaldeko gizon bat sartu zen Frontearen egoitzan. Kazetari amerikarra zela esan zuen. Iqbal eta Eshan Khan elkarrizketatu zituen: bi orduz egon ziren hizketan. Ondoren beste bat etorri zen, nazioarteko korrespontsala omen zena.

—Kanpoan ere gure borrokaren berri izaten dutenean —esan zuen Eshan Khanek—, lagundu egingo digute eta hobeto babestuta egongo gara.

Handik bi gauera danbateko batek esnatu gintuen. Garrasiak entzun eta lehen solairuko leihoetaraino ailegatzen ziren sugarrak ikusi genituen. Beheko solairura jaisten saiatu ginen, baina Eshan Khanek eragotzi egin zigun.

—Zuek gelditu hemen —egin zigun garrasi.

Baten batek Frontearen egoitzaren kontra bi su-bonba jaurti zituen. Gizon bat zauritua gertatu zen. Ospitalera joan ginen haren bila: besoa lotua zeukan. *Haiek* bidalitako abisu bat zen.

XIV

—Ordu bete luzea generaman ilunpetan bidaiatzen. Ez zegoen ezta ilargirik ere eta hotz egiten zuen; kamionetaren kaxan geundenak toldoaren pean sartu ginen, babes apur bat aurkitzeko. Estalki azpian ume jaio berri itxura geneukan.

—Hura ikuskizuna!

—Nik barregura neukan, baina berehala ohartu naiz ezin nuela barrerik egin: denak oso serio eta urduri zeuden. Inork ez zeukan barre egiteko gogorik. Eshan Khanek abisatu zigun, zuk ere entzun zenion, Fatima. Zera esan zuen: «Adi! Adi egon, mesedez! Gaurkoa besteak baino zailagoa da». Halaxe zen, sekula egin gabe geunden gaurkoa bezalako ekintzarik. Une batean errepide asfaltatua utzi eta zuloz beteriko lurrezko batera pasatu gara. Ez nekien non egon gintezkeen, inguruetan ez zegoen ezer, bakarrik iluntasuna, isiltasuna eta sudurra larrutzen zigun haize izoztua. Justu eguna argitzen hasita zegoen labeak bistatu ditugunean. Zabaldi bat zen, dena harri eta lokatz, zuhaitzik gabe eta belar izpirik ere gabe. Labeak adreilu mendixka baten itxura zeukan, itsusia, eta tximinia garai eta trinko bat zuen, argiaren kontra nabarmentzen zena. Ordurako lanean ari ziren, badakizu, Fatima?, goizeko lehen orduetan produzitzen baita gehien. Gero, eguzkiak, bero-sapak eta nekeak lana moteldu eta besoak hausten dizkizute. Ailegatu garenean ez dute ezta burua ere jaso, ez distraitzeko. Fatima, ikusi egin behar zenituen: zabaldian sakabanatuta zeuden, iluntasunaren itzalekin artean ongi bereizi ezin genituela. Familia bakoitzak bere hobia dauka. Hobi barruan mutikoek egiten dute lan, lurrarekin eta urarekin orea egiten, eta buztinarekin halako ogi biribil moduko zatiak egiten dituzte. Lurra ateratzeko aitzur txiki moduko bat erabiltzen dute. Lurra gogorra da. Neskatoek, berriz, ia kilometro batera dagoen putzura joan behar izaten dute ur bila. Atzera eta aurrera joaten dira hogei litroko plastikozko bidoi handiekin. Mutikoek, gero, orea amari ematen diote, ogia balitz bezala behin gehiagotan lantzeko, eta amak aitari botatzen dio, eta horrek egurrezko molde baten barruan prentsatzen du, soberakina kendu eta azkenik, adreilua lurrean uzten du eguzkitan lehortu dadin. Horrela egiten dira zabaldia zeharkatzen duten adreilu ilara luzeak, suge baten eraztunak bezala minutuz minutu luzatzen direnak.

—Baina orduan familia osoek egiten dute lan labeetan.

—Beharko. Horietan guztiei piezen arabera ordaintzen zaie: egun bakoitzean 1.200 adreilu oratu behar dituzte 100 rupia irabazi ahal izateko.

—Asko dira 100 rupia!

—Neuk ere hala uste nuen. Baina, hara: kamionetetatik jaitsi eta talde batengana hurbildu gara eta Eshan Khanek familia buruari azaldu dio nortzuk ginen eta zer nahi genuen. Gizonak ez du ezta burua altxatu ere egin. Lurrean kukubilko eserita zegoen eta hogeita hamar segundoz behin egiten zuen adreilu bat. Zikina zegoen, bizarra eta ile luzeak buztinez zikinduak zeuzkan. Eshan Khanek berriz hitz egin dio. Gizonak, beti burua makur eta lana utzi gabe murmurikatu du: «Anaiok, Jainkoaren izenean, zoazte hemendik». Zinez diotsut, Fatima, negargura sartu zait. Beldurgarria da ume bat abere bat bezala lanean ikustea. Guk hori badakigu. Baina hura okerragoa zen, gizona zelako, pertsona heldu bat, aita bat. Eta... ez dakit...

—Zer gertatzen zitzaion?

—Ez zirudiela gizona. Ez zeukan ezer. Ez berak, ez eta besteek ere, argitasun gero eta handiagoan lurrean arrastaka beraien adreilu ilara jarraituz zebiltzanek. Salman gureaz oroitu naiz, labe batean lanean aritu eta beti ukatu baitzen ordukoaz hitz egitera. Orain ulertzen dut zergatik.

—Salman gizagaixoa! Gogoratzen haren eskuak?

—Bai, gogoratzen ditut. Ondoren hobi batera hurbildu naiz eta umeekin hasi naiz hizketan, eta haiek ere, hasieran, ez didate erantzun nahi izan. Baina gero, zaharrena, nire adina edo edukiko zuen, gauzak kontatzen hasi zait, aitzurrarekin lurra atera eta orearen gainera ura botatzen zuen bitartean. Burutik hanketaraino lokatzez estalia zegoen.

—Zer esan dizu?

—Beraiek familian sei zirela eta egun onetan 1.500 adreilu egitera ailegatzen direla. Hori, lurra gogorregia ez badago, edo putzuan ura faltatzen ez bada. Edo eguzkiaren indarrarekin adreilu gutxi zartatzen badira, hautsitako adreiluak ez direlako kontatzen. Egun batzuetan 120 rupia jasotzen dituztela, baina ez direla nahikoa.

—Nola liteke hori?

—Bizi diren barrakoiaren alogera ugazabari ordaindu behar diotelako. Labe ondoko eraikin baxu eta estu bat seinalatu dit: «Familia bakoitzari hiru bider hiru metroko lokal bat tokatzen zaio: janaria prestatzeko estufa bat, kamaina batzuk eta kristalik gabeko leihotxo bat. Eta ugazabari», azaldu dit, «baita kontsumitzen dugun ikatza ere ordaindu behar izaten diogu, eta jateko gauzak berari bakarrik erosi behar dizkiogu eta gauza guztiak askoz garestiagoak dira, eta *roti*a egiteko alea eta dilista apur bat eta tipulak, botila bat olio eta barazkiren batzuk erosi orduko, gastatu duzu egun osoko jornala». Zor ikaragarria daukate haiek eta ez dute lortzen rupia bat ere aurreztea. «Nik jasoko dut oinordetzan», esan dit, «nire aitaren zorra, eta nire seme-alabek nirea jasoko dute». Eskuak ur arrean garbitu ditu. «Zoaz hemendik» esan dit ondoren, «denbora gutxi barru *munshi*a, zuzendaria, alegia, etorriko da, eta horri ez zaio gustatzen hona inor etor dadin».

—Iqbal, eta zuk zer esan diozu?

—Nik ez nekien zer esan. Oinak ikusi dizkiet berari eta bere anaiei; txikienak bost bat urte izango ditu. Sekula ez dut horrelako oinik ikusi. Aurpegia azkar jiratu dut, baina hura ohartu egin da begiratzen niola. Barrez hasi da. «Begira» esan dit. Oin azpian kailu antzeko bat zeukan, bi hatz luzea, beltza, zartatua. «Labea martxan jartzen denean» azaldu dit, «gora eraman behar ditugu, horra, saskiekin, eta erdian daukan ahora ikatza bota behar zaio sua itzali ez dadin. Labea herensuge bat bezalakoa da: jan eta jan, eta sekula ez dauka nahikoa, ikusi beharko zenuke burrunba nola egiten duen, kea nola botatzen duen». «Eta ez al du erretzen?» galdetu diot. «Erreko ez du ba, tentela halakoa!», erantzun dit. Ez dut jakin zer gehiago esan.

Sekula ikusi gabe nengoen Iqbal moralez hain baxu. Egun hartan, gizon guztiak kopetilun eta desmoralizatuta bezala itzuli ziren espediziotik. Baita Eshan Khan bera ere, beti baikor eta jakingura egon ohi zen arren.

—Gero zer gertatu da? —galdetu diot, ordurako banekien arren, haiek itzultzean gertatuaren berri azkar zabaldu baitzen. Baina iruditzen zitzaidan Iqbalek hitz egiteko beharra zeukala.

—*Munshi*a ailegatu da automobil handi batean. Langileekin hizketan ikusi gaitu eta ikaragarri haserretu da. Alde egiteko esanaz egin digu oihu. Eshan Khanek azaldu dio nortzuk ginen eta gizon haiek libreak zirela, langileak zirela, eta guk haiekin hitz egiteko eskubidea geneukala. Baina hura gero eta oihu ozenagoak ateratzen ari zen. Beti berdin gertatzen da, zuk ere badakizu, eta horregatik ez geunden kezkatuta. *Munshi*ak ingurura begiratu du. Zoratuta zirudien. Guganako gorroto eta amorruz beteta zegoen. Korrika bere bulegora joan da; berdez pintatutako txapazko etxola bat zen, argi elektrikoa zeukan bakarra (hariak ikusten ziren). Bakarren bati telefonoz deituko ziola pentsatu dugu, bere adiskideei edo, agian, poliziari. «Jarrai dezagun bat eginda» esan du Eshan Khanek, «ezingo digute ezer egin». *Munshi*a etxolatik atera da. Eskuetan zerbait iluna zeukan. Besoa bere aurrera luzatu du. Fatima, pistola bat zeukan. Tiro egin du. Zabaldian sakabanatu, lokatzetan irrist egin eta ihes egiteko bide bat aurkitzen genuen bitartean tiroak entzun ditugu, tiro eta tiro egiten zuen irainak botatzen zituen bitartean: bazirudien sekula ez zuela amaituko. Hiltzeko egin du tiro, Fatima, eta miraria da inor zauritu ez bagaitu. Kamionetetara ailegatu eta ihes egitea lortu dugu. Lehenengo aldiz gertatu zaigu.

Gaua zen. Etxe handiko argiak piztu egin ziren eta afaltzeko deiaren zain geunden. Leihotik barrena indartsu sartzen ziren ohiko kaleko zaratak.

—Iqbal, horrek ez du ezer aldatzen —esan nion.

—Badakit —onetsi zuen berak, berdin jarraituko dugu.

Baina bazeukan esan nahi zidan beste zerbait. Ahotsa jaitsi zuen xuxurla bateraino. Une hartan kamioi bat ari zen pasatzen azpiko errepidetik eta ia ez nion entzuten.

—Beldurra pasatu dut, Fatima. Baina mesedez, mesedez, ez esan inori.

Ni laztan bat egiten hasi nintzen, baina lotsa ematen zidan ukitzeak, eta gainera ez zen komeni.

—Afaltzera! Afaltzera! —esan zigun ozenki Eshan Khanen emazteak.

—Egon lasai —murmurikatu nion—, zuk eta nik bakarrik jakingo dugu.

Handik aste gutxira Iqbal joan egin zen. Eta baita ni ere. Hura izan zen gure arteko azken elkarrizketetako bat.

Nahiko nuke laztan hura egin izan banio.

XV

Azaroko egun bat zen eta zirimiri itxi bezain gogaikarria ari zuen Eshan Khanek niri eta Iqbali bere bulego pertsonalera deitu zigunean, eta hura berria zen. Eshan Khan beti eskura zegoen, baina bere bulegoan ixten zenean, kontuz enbarazu egitearekin. Hura zen araua.

Karez zuritutako lokal txiki batean sartu ginen; gauzez, kolorez eta nahaspilaz beteta zeuden etxeko beste parteak ez bezala, hutsik eta izugarri ordenatuta zegoen. Idazmahai bat ongi pilatutako gutunez estalia, telefonoa, itxura ez oso erosoko eserleku bat, tea prestatzeko beharrezko gauzak eta tabako usain oso sarkorra. Eshan Khan batera eta bestera zebilen, egonezinik, begiek diz-diz egiten ziotela. Marrazki koloretsu asko zituen bola bat zeukan eskuetan.

Beste noizbait ere ikusia genion eta pentsatu genuen: «O, ez! Geografiako lezioak!». Baina ez zirudien leku egokia.

Eshan Khanek bolari bueltak emanarazi eta horiz margotutako lur azalera handi bat seinalatu zigun:

—Hauek Estatu Batuak dira —azaldu zigun—, herrialde handi eta garrantzitsu bat da.

—Badakit —esan zuen Iqbalek, leziotik ihes egitea espero zuela—, hor egiten dituzte abestiak.

—Jolibud dagoen eta zineko artistak bizi diren tokia da —lagundu nion nik.

Eshan Khanek itsaso izugarri handi baten ertzean zegoen puntutxo bat erakutsi zigun:

—Hiri honek Boston du izena —jarraitu zuen, gure kultura mailako jakituriari kasurik egin gabe—, eta bertan ematen da urtero sari bat «Gazte ekintzaileak» izenekoa. Munduko edozein herrialdetan zerbait bereziki baliagarria egin duen edozein umeri ematen zaio. Saria *Reebock* etxeak ematen du.

—Badakit —berriro Iqbalek—, zapatilak egiten ditu.

Hilabeteak zeramatzan *Reebock* pare bat erosi nahirik, baina garestiegiak ziren.

—Saria 15.000 dolarrekoa da.

—Zenbat rupia dira? —galdetu genion.

—Asko. Guk pentsa dezakeguna baino askoz gehiago. Saria aurten Iqbali eman diote.

Isilune luze bat.

—Niri? —murmurikatu zuen Iqbalek harrituta.

—Bai —baietsi zuen Eshan Khanek—, eta badakizu horrek zer esan nahi duen? Orain mundu osoan ospetsua zarela eta denek dakitela Pakistanen zer gertatzen den eta umeen lana desager dadin borrokan ari garela. Esan nahi du hemendik aurrera *haiek* ibili beharko dutela kontuz gu ukitu aurretik. Garaipen bat da, Iqbal, eta merituak zureak dira. Zu eta ni Bostonera joango gara saria jasotzera. Eta lehenago... —berriro bueltak eman zizkion bolari—, hemen geratuko gara.

Txakur formako eskualde bat erakutsi zuen.

—Hau Suedia da —azaldu zuen.

—Eta zer da?

—Hotz handia egiten duen herrialde bat, Europan dagoena. Lanari buruzko nazioarteko konferentzia bat egingo da. Mundu guztiko pertsonak bilduko dira. Hitz egiten entzun nahi dizute.

—Niri? —galdetu zion Iqbalek.

Sinistu ezinda geunden, aho zabalik. Amets bat zirudien, ipuin bat, gurasoek umeak lokartzeko asmatzen dituzten ipuin horietako bat. Ezin genuen sinistu norbaitek, mundua deitzen zen urrutiko leku horietakoren batean, gure berri izatea eta gure sufrimenduez jakitun egotea. Gu ez ginen inor, aurreko urtera arte hankan kate bat genuela lan egiten genuen arlote batzuk besterik ez. Eta jende ospetsu guzti horrek Iqbali entzun nahi zion!

—Gehiago ere badago —gehitu zuen Eshan Khanek—, Bostondik gertu dagoen unibertsitate batek ikasketak egiteko diru-laguntza bat eman dizu. Horrek esan nahi du ikasi ahalko duzula, lizentziatu ahalko zarela. Ez al zenuen abokatua izan nahi?

Iqbalek baiezko keinua egin zuen buruarekin, harriturik. Hainbeste gauza berri denak batera. Txandaka begiratzen zigun niri eta Eshan Khani.

—Baina... —murmurikatu zuen—, noiz joango gara...

—Ia hilabete egongo gara kanpoan —esan zion Eshan Khanek, ikusiko duzu, gustatuko zaizu bidaiatzea, Mendebaldea... gauza berri mordoa ezagutuko duzu... Itzultzean zure familiarekin egon ahalko zara: denbora asko daramazu haiek ikusi gabe. Gero ikasi egingo duzu, eta unibertsitatera joateko adinera ailegatzen zarenean... pozik egon behar duzu.

—Pozik nago —esan zuen Iqbalek—, baina nik hemen egon nahi dut, zurekin eta Fatimarekin eta Mariarekin... Beste ume esklabo batzuk askatu nahi ditut...

—Laguntzen jarraituko duzu —ziurtatu zion Eshan Khanek—, oso garrantzitsua zara guretzat, badakizu. Baina abokatu on bat egiten bazara, are baliagarriagoa izango zara. Eta Fatimarentzat ere berri handiak dauzkat: azkenean aurkitu ditugu zure herrixka eta familia. Etxera itzuliko zara.

Bihotzak jauzi egin zidan bular barruan: nire etxea! Ozta-ozta gogoratzen nuen nolakoa zen. Eta ama! Eta nebak!

Bat-batean negarrez hasi nintzen: ni bai geldoa! Berri on haiek guztiak eta ni negarrez. Baina nire bizitzako parte garrantzitsu bat bukatzeko zorian zegoela sentitzen nuen. Etxera itzuliko nintzen, libre. Iqbal hain zuzen egindako guztiagatik saritua izango zen. Dena ongi zihoan. Nork pentsatu ahalko zuen sekula horrelakorik, Hussainen gehiegikeriak jasaten genituenean!

Seguru nago zorionagatik egiten nuela negar.

Zeinen azkar pasatu ziren ondorengo bi asteak! Oroitzapen nahasiak dauzkat, zatituak, puskatuak, ametsetan bezala: arrosaz margotutako etxe handian, jendea atzera eta aurrera gelditu gabe; mundu guztia batetik bestera korrika bidaiarako prestaketak egiten; kazetari pakistandar eta atzerritarrak, sariaren berri jakin nahirik; lorategiak kanpamendu bat zirudiela. Zeinen triste baina aldi berean itxaropenez betea zen iluntze bakoitza! Zenbat geratzen da? Bederatzi egun. Eshan Khan, hiru mikrofonoren aurrean hizketan. Ezezagun bat, batetik bestera mundu guztiari argazkiak egiten. Gutxienez bat emateko eskatu behar nion, orain hemen edukiko nuen nirekin. Gure bi txakurrak, nahaspilagatik izutuak, isatsa hanka artean zutela. Emakumeak, ahoa orratzez betea zutela, Iqbalek saria jasotzeko ekitaldian jantziko zuen mendabelde erako jantzia josten: jaka, galtzak, txalekoa, oihal lodi urdinezkoa, han hotz egiten duelako.

Iqbal, galtzontzilotan, lotsaturik, arropak probatzen zizkioten bitartean, esanez:

—Zuk zeri begiratzen diozu? —eta nik mihia atera nion.

Iqbal bakarrik, zutik gela huts baten erdian, Suedian eta Bostonen irakurri behar zuen diskurtsoa irakurtzen, eta sei hitzez behin trabatu eta esaten zidan:

—Tira, Fatima, lagundu! —eta nik Eshan Khanek idatzitako diskurtsoa hartu, eta artean apur bat kostata irakurriz, esan behar zituenak iradokitzen nizkion.

—... Pakistanen, egunero, zazpi milioi ume jaikitzen dira egunsentia baino lehen, ilunpetan. Gauera arte egingo dute lan. Alfonbrak ehotzen dituzte, adreiluak egosten, soroak aitzurtzen, meategietako galerietara jaisten. Ez dute jolas egiten, ez korrika, ez oihu. Sekula ez dute barrerik egiten. Esklaboak dira eta hanketan kateak daramatzate...

—... Munduan ume bat bera ere haurtzarorik gabe, egurtua, bortxatua dagoen bitartean, inork ezin esango du: hori ez da nire arazoa. Ez da egia: zuen arazoa ere bada. Eta ez da egia itxaropenik ez dagoela. Begiratu niri: nik itxaropena izan nuen. *Zuek, jaun-andreok, ausardia eduki behar duzue...*

Zenbat geratzen da? Sei egun.

Zaparrada izugarri bat, ura kaleetan behera doa. Arrats bare bitxi bat, isiltasun harrigarria. Eshan Khanen emazteak besoetan hartu eta esaten dit: «Neskatila gaixoa». Esaten dit amarik ez daukadala, eta orain Ahmed neba zaharrena dela familia burua, ni ikusteko irrikan dagoela eta, antza, urrutira, auskalo nora, atzerriko herrialderen batera joateko asmoa duela, guztiontzat lana eta duintasuna dagoen tokiren batera –hori esan omen du– eta berarekin eramango gaituela ni eta Hasan neba txikiena.

Eta orduan, ezkutuan, Eshan Khanen eta bere emaztearen logelan sartu nintzen; armairu zaharra zabaldu nuen eta han zegoen etxeko ispilu bakarra, gorputz osoa ikusteko modukoa. Ongi begiratu nion neure buruari, agian nire bizitzan lehen aldiz: argala, tximatsua eta hazia ikusi nuen neure burua. Hazita nengoen, bai, soinean neraman soinekoa zeinen motz geratzen zitzaidan ikusi besterik ez zegoen, belaunak ia airean uzten zizkidalako. Agian ailegatua zen *purdah*a janzteko garaia. Eshan Khanen emazteari esan behar niola pentsatu nuen.

Ados geunden nire familiaren bila Iqbalek alde egin ondoren bakarrik joango nintzela. Agindu zidaten guztiaren berri emango zidatela, eta atzerriko herrialderen batera joan behar banuen, aurretik agurtzera pasatuko nintzela.

Etxe handian pasatu genuen azken gauean, biok ohetik altxatu ginen, elkarrekin adostu gabe geunden arren, eta egongelan elkartu eta luze aritu ginen hizketan, Hussainen lantegian egin ohi genuen bezala.

Hainbat eta hainbat gauzaz hitz egin genuen, ez galdetu zertaz.

Hurrengo goizean goiz Iqbali eta Eshan Khani aireportura lagundu genien. Gu biok atzeko eserlekuetan geunden. Haize handiko eguna zen. Terraza batetik hegazkinera igotzen ikusi genituen. Eskuarekin agur egin ziguten, han urrutitik.

Hegazkina aireratu egin zen –motorren zarata–, eta gero eta gorago igotzen joan zen.

Iqbalek kometarik handiena hartua zuen.

Bihotzak indartsu egiten zidan taupaka eta arima eta gorputza sentsazio arraro batek estutzen zizkidan.

Hegazkina zeruertzean desagertu zen.

«Auskalo nolakoa den Amerika», pentsatu nuen. Orduan ezin nuen jakin sekula gehiago ez nuela ikusiko.

Etxera eraman ninduten. Bidaia luze hartatik *Toyota* furgonetaz bakarrik gogoratzen naiz, bideko zulo guztietan jauzi egiten baitzuen. Landaz oroitzen naiz, zati batzuetan berdea, beste batzuetan grisa eta dena urak hartua. Gizonak eta animaliak ditut gogoan, inguruetan sakabanatuak, lanean makurtuta. Gogoan ditut errepideak, lur hutsezkoak, lokaztuak.

Etxe multzo bakoitzeko pentsatzen nuen: «Hau ote da nire herrixka?»

Ez nintzen neure oroimenaz fidatzen, nahastuta neukan.

Eshan Khanek ni eramateko agindu zion gizona ona eta atsegina zen: ni distraitzeko denbora guztian hizketan ari zen, sentitzen nuena ulertu izan balu bezala. Etxekoengana itzultzeko gogoa neukan, eta aldi berean pena sentitzen nuen.

Ailegatu ginen. Nire neba Ahmed gizonduta zegoen. Hasan, txikia, ni baino garaiagoa zegoen. Etxola barruan, bata bestearen ondoren, garai batean etxean zeuden gauza asko ezagutu nituen. Neurez bilatu nuen putzura zeraman bidea, hainbestetan egina nuena buru gainean ur-pitxarra orekan eduki nahirik. Bufaloak ere ordukoa zela zirudien, zaharragoa eta ilerik gabe egotea.

Janaria prestatzen nuen, garbitzen nuen, soroan laguntzen nuen, lehenago amak egin izan zuen bezalaxe. Zorte bila joateko egin nahi zen bidaia luzeaz ezer gutxi genekien eta ez zidan axola.

Egunak igarotzen ziren, eta landan askoz luzeagoak ziruditen.

Mariaren gutun bat jaso nuen. Kanaberadira joan nintzen irakurtzera.

Hemen dena ondo, zioen. Eta Eshan Khanek telefonoz deitu zuela, behin Suediatik eta bitan Ameriketatik. Iqbalekin ere hitz egin zuela eta ongi zegoela. Iqbalek Stockholm izeneko hiri batean eman zuela bere mintzaldia eta ez zela behin ere trabatu, eta azkenean mundu guztitik joandako gizon ongi jantziek zutik jarri eta txalo jo ziotela.

Baita Ameriketan ere, Bostonen, festa handiak eskaini zizkiotela eta mundu guztiak ezagutu nahi zuela eta saria eman ziotenean andre batzuek negar egin zutela, eta Iqbal kexatu egin zela zapata berriek oinetan min ematen ziotelako. Goraintziak bidaltzen zizkidala. Itzultzera zihoazela. Iqbal bere familiarengana joango zela denbora baterako, Pazkoa zetorrelako, Iqbal bezalako kristauentzat guretzat Ramadana bezain jai garrantzitsua zelako. Ni ere ongi egotea espero zuela eta ea nolakoa zen nire herria. Berriro idatziko zidala.

Muxuak. Maria.

Kartazalean bazegoen iparramerikako egunkari batetik moztutako artikulu bat ere: ez nekien irakurtzen, noski, baina testuan behin eta berriz ikusi nuen Iqbalen izena idatzita, eta bazekarren baita bere argazki bat ere, luze begiratu nuena iluna eta lausoa bazen ere.

Beste egun asko igaro ziren. Klarion batekin seinalatzen nituen hormaren parte batean, kontua eramateko. Bi aste igaro ziren, gero hilabete bat eta gizon herrena, hamar egunez behin gutunak banatuz eta jasoz txabolen artetik igarotzen zena, ez zen azaldu.

—Laster joango gara, —esan zidan neba Ahmedek.

Lana amaitu ondoren etxeko ate aurrean esertzen nintzen, herrirako bidexkara begira. «Ahaztu dira nitaz», pentsatzen nuen. Kometetan pentsatzen nuen,

Iqbalengan, zutik eta tente alfonbra ebakiaren ondoan, hari laguntzeko Hilobiraino arrastaka joan ginen gauean, eta Lahoren zinemara joan ginen arratsalde hartan. Pentsatzen nuen ez nuela atzerriko herrialde itsusi eta urrun batera joan nahi.

Europara joateko jarrita zegoen data baino bi egun lehenago, urrutian ikusi nuen herrena zelai lokaztuetatik barrena kostata zebilela: posta-poltsa sorbaldatik trabeska zeraman eta bastoiaz laguntzen zen, lokatzetan arra bete sartzen zela.

Egun hartan argitasun itsusia zegoen, ubeldua eta gaiztoa. Lainoak behe zeuden zeruertzean eta guztiak beltza eta zikina zirudien. Ordu erdiz itxaron nion, poliki-poliki baitzetorren. Ez dut esango bihozkada bat eduki nuenik. Une jakin batean, malkoak erori zitzaizkidan begietatik, horrela, berez, besterik ez.

XVI

Mariak idazten dio Fatimari

Fatima laguna,

ahizpa maite-maitea,

Zenbat gustatuko litzaidakeen egun hauetan nire ondoan edukitzea, hitz egiteko eta zure besoen artean negar egiteko. Gogoratzen zenbatetan egin nuen iraganean? Eta zuk beti aurkitzen zenuen ni kontsolatzeko eta babesteko modua, beti aurkitzen zenituen hitz egokiak. Oraingoan neuk egin ahalko banu! Gu biona den sufrimendua partekatu ahalko bagenu! Oraingo honetan neuk aurkitu nahiko nituzke hitz egokiak!

Badakit, denbora asko da ez nizula idazten. Zutaz ahaztua nintzela pentsatuko zenuen, zurekiko adiskidetasuna goizetan soro gainetara erortzen den gandua bezala desagertua zela. Baina ezin nizun, sinis iezadazu, nik eman notizia. Orain ere eskuek dar-dar egiten didate eta malkoek bustitzen dute papera –ikusten duzu. Barkatu nire ausardia falta. Baina ez duzu besteen bidez jakin behar, auskalo zer esango lizuketen. Nik kontatuko dizut.

Iqbal, bidaia luzetik itzuli eta berehala, berriro joan egin zen. Bere herrixka, esan didatenez, ez dago Lahoretik urruti, hamarnaka kilometro apur batzuetara besterik ez. Familia bisitatu eta Pazkoa ospatu behar zuen, kristauen festa bat alegia, zeinetan gogoratzen duten –nik dakidala– beraien Jainkoa, hil zutena, baina gero piztu egin zena. Gurasoekin gutxienez hilabete pasatu behar zuen, eta gero guregana itzuliko zen, berriro bere borrokarekin jarraitzera. Ameriketan, pertsona haien guztien aurrean konpromiso bat hartu zuela zioen, eta eutsiko ziola.

Badakizu nolakoa zen.

Diotenez, herrian mundu guztiak heroi bat bezala errezibitu zuen, poztasun handiarekin. Denek zekiten zer egin zuen, eta mirespen eta errespetuz begiratzen zioten. Herritar guztiak pasatu ziren haren etxetik agurtzera, opariak eraman eta ea aeroplanoan benetan hegan egin zuen galdetzera.

Diotenez, bigarren egunerako Iqbal aspertuta zegoen eta nahiago zuen jenderik ez ikusi, egunsentian landetara atera aitarekin eta harekin luze hitz egin. Eta gero, arratsaldean, bizikleta zahar baten gainean ibili bere bi lehengusu txikiekin edo kometarekin jolastu.

Gogoratzen zenbat gustatzen zitzaion?

Diotenez zoriontsua zen, lasai eta proiektuz beteta zegoen.

Diotenez, igande hartan, Pazkoa eguna, egun ederra atera zen, eguzki eta argitasunez betea eta Iq-

bal lehenik bere Elizara joan omen zen, eta ondoren familiartekoen etxeetara, haiek bisitatzera, eta haiek, ez dakit zergatik, arrautzak oparitu omen zizkioten. Eta gero bazkari handi bat egin zuten, abesti eta dantzekin, eta haragia eta guzti omen zegoen, pentsa!, eta era guztietako gozokiak, laddu, jalebi laranjarekin eta barfi,eta Iqbalek hainbeste jan zuenez, gero tripako mina eduki omen zuen. Ondoren, helduek beraien artean hitz egiten zuten bitartean, umeak inguruetan banatu ziren jolasteko, eta tarteka haien ahotsak entzuten omen ziren elkarri deika eta garrasika.

Diotenez arratsaldeko hirurak izango omen ziren –bakarren batek zin egiten du: «Ez beranduago, eguzkia ordurako zeruan jaisten hasia zegoen»–, herri sarrerako errepidean auto bat agertu zenean, hautslaino bat harrotuz. Auto handi eta beltza zen, ezezaguna, lokatzez estalia, eta bazirudien barruan ez zihoala inor eta bakarrik zetorrela, bere gurpil izugarri handiekin lurreko hartxintxarrak ehoaz. Behintzat inork ez zuen ikusi bolantean nor zihoan.

Batzuen esanetan, une hartan hasi zen ekaitza, ezustean, eta txanponak bezain tanto lodiak hasi ziren lurraren kontra erortzen eta trumoiak lastozko teilatuak dar-dar jarri zituen. Aldiz, beste batzuen esanetan, geroago izan zen, ordurako gaua zen.

Auto beltzak poliki gurutzatu zuen herrixka, eta ondoren arroz-soroetara zeraman bidexka bat hartu zuen. Zeruko ura lurrekoarekin nahasten zen.

Diotenez, Iqbal bidexka hartatik itzultzen ari zen, bizikletaren pedalen gainean zutik aldapako zailtasunari aurre egiteko, ileak blai begien gainean eta Ameriketan erositako kamiseta haizeak harrotzen ziola.

Fatima, ene ahizpa, inork ez daki zer gertatu zen. Baina gizon batek isilpean esan zuen urrutian, euriaren ur eta laino artean ikusi zuela Iqbal automobilaren ondotik pasatu zenean, leihoko kristala poliki-poliki jaitsi eta ondoren hiru, lau, bost argi-kolpe egon zirela –auskalo zenbat izango ziren– , eta alarma jo, gizonak hurbildu eta gertatuaz konturatzerako, auto beltzak ihes egin zuela eta ez zela geratu haren aztarnarik, ezta lokatzetan arrastorik ere, ezer ez, bakarrik Iqbalen gorpuaren gaineko ura gorri zurbilez tindatua, baina hura ere berehala desagertu zela –euriak eraman zuen. Horixe kontatu ziguten.

Baina, Fatima, ene ahizpa, entzudazu. Badakit ez dela egia.

Ez nago erotuta. Asteak pasatu ditut pentsatuz lehenago bezala nengoela berriro ere, hitz egiten ahaztuta, gogoratzen? Nire baitan itxita egon naiz. Behin eta berriz esaten nion neure buruari: «Ez da egia, badakizu jendea nolakoa den, gauzak nola asmatzen dituen, nola nahasten den». Denek uste zuten egia zela, baita Eshan Khanek eta bere emazteak ere. Ni bakarrik nengoen ezezkoan.

Gero, duela bi asteko arratsalde batean, gure loretegira ematen duen atea jo zuten. Baten bat, ez naiz gogoratzen nor, atea zabaltzera joan zen, eta atarian mutikotxo bat zegoen, zikin-zikina eta txorkatiletan kate-markak zituena. Alfonbra lantegi batean lana egiten zuela eta ihes eginda zetorrela esan zuen, bere ugazaba salatzen guk lagundu ahalko geniola esan ziotela.

Eta gero badakizu zer esan zuen?

«Nik ez daukat beldurrik», esan zuen.

Ongi begiratu nion, Fatima: Iqbal zen, zin egiten dizut!

Haren berdina zen! Haren begiak zituen, harena bezalako ahotsa.

Handik hiru egunera beste bat ailegatu zen. Eta gero, azokan mutiko bat ugazabari matxinatu zitzaion, bazarreko merkatari handienetako bati.

Haiek ere ikusi nituen: Iqbal ziren.

Fatima, ez egon triste, ahal baduzu. Zerbait gertatu da gure bizitzak aldatu eta beti gogoratuko duguna. Esan diot Eshan Khani ni joango naizela ikastera, unibertsitatera: abokatu egingo naiz, Pakistango eta munduko esklabo guztien askatasunaren alde borrokatuko dut.

Badakizu gauza bat? Nik ere ez daukat beldurrik, lehenengo aldia da.

Ahizpa nirea, ez dakit nora joango zaren, zer egin ahalko dudan zurekin harremanetan egoteko, oraindik elkar ikusi ahalko dugun. Gauza bat bakarrik es-

katzen dizut: ez ahaztu ezer. Ezta gauza txiki eta ñimiñoena ere. Kontatu norbaiti gure historia. Kontatu mundu guztiari. Ez dadila oroimena galdu.

Horrela bakarrik egongo da Iqbal beti gure ondoan.

Besarkadak.

Zure ahizpa Maria